# Ökumene –
# eine Agenda für die Zukunft

# Tübinger Ökumenische Reden

herausgegeben von
Urs Baumann und Bernd Jochen Hilberath
Institut für Ökumenische Forschung

Band 4

LIT

# Ökumene –
# eine Agenda für die Zukunft

Mit Beiträgen von K. Raiser, U. Baumann, H. Küng,
O. Fuchs, G. Fürst, E. Herms, B.J. Hilberath, G. Maier,
E. Schaich, M. Theobald

LIT

Gedruckt auf alterungsbeständigem Werkdruckpapier entsprechend
ANSI Z3948 DIN ISO 9706

Umschlagbild: Das Logo des Instituts für Ökumenische Forschung wurde von Konrad Boch (Frankfurt) entworfen.

**Bibliografische Information der Deutschen Nationalbibliothek**
Die Deutsche Nationalbibliothek verzeichnet diese Publikation in der Deutschen Nationalbibliografie; detaillierte bibliografische Daten sind im Internet über http://dnb.d-nb.de abrufbar.

ISBN 978-3-03735-206-9 (Schweiz)
ISBN 978-3-8258-8093-4 (Deutschland)

© LIT VERLAG GmbH & Co. KG Wien,
Zweigniederlassung Zürich 2008
Dufourstr. 31
CH-8008 Zürich
Tel. +41 (0) 44-251 75 05
Fax +41 (0) 44-251 75 06
e-Mail: zuerich@lit-verlag.ch
http://www.lit-verlag.ch

LIT VERLAG Dr. W. Hopf
Berlin 2008
Auslieferung/Verlagskontakt:
Fresnostr. 2
48159 Münster
Tel. +49 (0)251–62 03 20
Fax +49 (0)251–23 19 72
e-Mail: lit@lit-verlag.de
http://www.lit-verlag.de

**Auslieferung:**
Schweiz/Österreich: Medienlogistik Pichler-ÖBZ GmbH & Co KG
IZ-NÖ, Süd, Straße 1, Objekt 34, A-2355 Wiener Neudorf
Tel. +43 (0) 2236/63 535 - 290, Fax +43 (0) 2236/63 535 - 243, e-Mail: mlo@medien-logistik.at
Deutschland: LIT Verlag Fresnostr. 2, D-48159 Münster
Tel. +49 (0) 2 51/620 32 - 22, Fax +49 (0) 2 51/922 60 99, e-Mail: vertrieb@lit-verlag.de

# INHALT

AKADEMISCHE FEIER
ANLÄSSLICH DES 40-JÄHRIGEN BESTEHENS
DES INSTITUTS FÜR ÖKUMENISCHE FORSCHUNG ...... 7

Zur Eröffnung ........................................ 7

Begrüßungsansprache durch den Direktor des Instituts
für Ökumenische Forschung:
Prof. Dr. Bernd Jochen Hilberath ...................... 7

Begrüßung durch den Rektor
der Eberhard Karls Universität Tübingen:
Prof. Dr. Dr. h.c. Eberhard Schaich ................... 15

Begrüßung durch den Bischof
der Diözese Rottenburg-Stuttgart: Dr. Gebhard Fürst .... 17

Begrüßung durch den Bischof
der württembergischen Landeskirche: Dr. Gerhard Maier . 20

Begrüßung durch den Dekan
der Evangelisch-Theologischen Fakultät
der Universität Tübingen: Prof. Dr. Eilert Herms ........ 22

Begrüßung durch den Dekan
der Katholisch-Theologischen Fakultät
der Universität Tübingen: Prof. Dr. Ottmar Fuchs ....... 25

*Kirchen und Religionen im Dialog.*
*Elemente und Kriterien einer kommunikativen Kultur*
Prof. Dr. Konrad Raiser ............................. 31

AKADEMISCHE FEIER
ANLÄSSLICH DER VERABSCHIEDUNG
VON PROF. DR. URS BAUMANN ...................... 50

Zur Eröffnung ........................................ 50

Begrüßungsworte des Prodekans
der Katholisch-Theologischen Fakultät
der Universität Tübingen: Prof. Dr. Michael Theobald .... 50

Begrüßungsansprache durch den Direktor
des Instituts für Ökumenische Forschung:
Prof. Dr. Bernd Jochen Hilberath ..................... 53

*Wegmarken. Theologische Herausforderungen einer Zeit der Widersprüche*
Prof. Dr. Urs Baumann ............................. 58

*Ausblick zur Abschiedsvorlesung von Prof. Dr. Urs Baumann*
Prof. Dr. Dr. h.c. mult. Hans Küng .................... 72

# Akademische Feier anläßlich des 40-jährigen Bestehens des Instituts für Ökumenische Forschung

## Zur Eröffnung

Begrüßungsansprache durch den Direktor
des Instituts für Ökumenische Forschung
Prof. Dr. Bernd Jochen Hilberath

Meine sehr verehrten Damen und Herren,

als Direktor des Instituts für Ökumenische Forschung begrüße ich Sie heute Abend aufs herzlichste. Sie sind gekommen, um mit uns das 40-jährige Bestehen des Instituts zu feiern, und Sie haben dafür weder lange Anfahrtswege gescheut noch es versäumt, in dem übervollen Veranstaltungskalender eines Tübinger Sommersemesters diesen Abend freizuhalten. Ich nehme dies wahr sowohl als Anerkennung unserer Arbeit wie auch als anhaltendes Interesse an der Ökumenischen Bewegung.

Kolleginnen und Kollegen von Ökumenischen Instituten, Akademien und Arbeitsstellen, die es nicht ermöglichen konnten heute hier zu sein, haben uns Glückwünsche und solidarische Grüße übersandt. Die Landkarte der Glückwunschschreiben und e-mails reicht von Amsterdam über Salzburg nach Graz, von Milwaukee über Köln, Bad Boll und München bis nach Nigeria und Pune. Stellvertretend gebe ich Ihnen eine Passage aus dem Brief von Pfarrer Dr. Alan Falconer zur Kenntnis, der heute von

Genf nach Aberdeen unterwegs ist. Wenn der Direktor der Kommission für Glauben und Kirchenverfassung des Weltrats der Kirchen mit dem heutigen Tag einen, wie er schreibt, »neuen Dienst an der Kathedrale in Aberdeen antritt«, dann kommt darin symbolisch zum Ausdruck, wofür Ökumeniker gut sind: sie stehen im Dienst der ökumenischen Bewegung des Volkes Gottes. Alan Falconer schreibt mir: »Über die Jahre hinweg hat Ihr Institut für Ökumenische Forschung immer wieder wichtige Beiträge geleistet, um die Kirchen einander näher zu bringen und Mittel und Wege zu finden, wie die Trennungen überwunden werden können. Als ein Gründungsmitglied der Societas Oecumenica hat Ihr Institut auch eine wesentliche Rolle dabei gespielt, die ökumenische Forschung neu zu beleben und mit anderen Instituten in Europa zusammenzuarbeiten. Ohne Ihre Arbeit wäre die ökumenische Bewegung um vieles ärmer gewesen.«

Dieses Lob gilt zunächst einmal nicht mir. Es gilt – vermehrt um meinen und unseren ausdrücklichen herzlichen Dank – an erster Stelle meinem Vorgänger, dem Gründer des Instituts und jahrzehntelangen Leiter, Prof. Dr. Dr. h.c.mult. Hans Küng. Wie er im ersten Band seiner Autobiographie notiert, wurde am 18. Januar 1964 im Ministerium die Urkunde unterzeichnet, mit der die Gründung des Instituts für Ökumenische Forschung besiegelt wurde. Fast auf den Tag genau elf Monate später stimmten etwa 2 ½ Tausend Bischöfe über das Ökumenismusdekret des Zweiten Vatikanischen Konzils ab. Jetzt konnte auch mit höchstoffizieller Gutheißung getan werden, wofür Hans Küng seit Beginn seiner wissenschaftlichen Laufbahn arbeitete.

Sein Buch über die Rechtfertigungslehre im Trienter Konzil und bei Karl Barth gehört ohne jeden Zweifel zu den Eröffnungssignalen eines ökumenischen Dialogs, der nicht mehr die Abgleichung kontroverser Lehren, sondern das Wieder-Erkennen gleicher oder kompatibler Intentionen zum Ziel hat. Nüchtern äußerte sich Hans Küng in »Konzil und Wiedervereinigung« zum offiziellen Programm, unermüdlich arbeitete er nicht nur an einzelnen hervorstechenden und provozierenden Erkern, sondern vor allem an einem ekklesiologischen Gesamtprospekt des Bauwerks Kirche, das sich überzeugend katholisch und zugleich ökumenisch einladend präsentieren könnte.

Die in Tübingen von ihm selbst zunächst gar nicht für möglich gehaltene Errichtung eines Instituts schuf den institutionellen Rahmen und die Basis für extensive wie intensive ökumenische Arbeit.

Das von Konrad Boch geschaffene Logo unseres Instituts symbolisiert, wie es in dem der Einladung beigefügten Prospekt heißt, »die Verbindung der drei großen christlichen Konfessionen« sowie die »dynamische Ausrichtung über die Kirchenmauern hinaus«. Ziel ist »eine ökumenische Theologie, die sich zugleich ›nach innen‹ auf das Christentum und ›nach außen‹ auf die Gesellschaft, andere Religionen, Wissenschaft, Kunst und Kultur richtet«.

Dies alles ist nicht Programm auf geduldigem Papier geblieben. Ein ganzes Spektrum von Initiativen, Vernetzungen, Publikationen, Lehrveranstaltungen, Arbeitsgemeinschaften und Gemeindeabenden dokumentiert, dass unsere heutigen »Sonntagsreden« durch »Werkwochen« gedeckt sind.

Die von Tübingen ausgehende Initiative zur Gründung der von Alan Falconer erwähnten Societas Oecumenica intendierte eine Erweiterung der Arbeitsgemeinschaft der deutschen Ökumene-Institute, die in den siebziger Jahren zwei Memoranden vorlegte – zu den Fragen des Amtes und des Papsttums –, denen die für das Zueinander der Kirchen notwendige Rezeption versagt blieb, – zunächst, denn noch ist nicht aller Ökumene-Tage Abend. Wir jedenfalls arbeiten heute in den damals vorgezeichneten Spuren, auf unsere Weise und angesichts der Zeichen unserer Zeit. Seit einigen Jahren ist Tübingen in der Societas wieder präsent; das Interesse an unserer Arbeit kommt dadurch zum Ausdruck, dass ich auf Anhieb in den Vorstand gewählt wurde. Auch die deutsche Arbeitsgemeinschaft der Ökumene-Institute hat eine Nachfolgerin gefunden: Die Kooperation unseres Instituts mit dem Institut für Ökumenische Forschung des Lutherischen Weltbundes in Straßburg und dem Konfessionskundlichen Institut des Evangelischen Bundes in Bensheim; ich begrüße an dieser Stelle herzlich die Kolleginnen und Kollegen aus unseren Partnerinstituten. Stellvertretend heiße ich einen langjährigen Weggenossen, Pater Gerhard Voss vom Ökumenischen Institut der Abtei Niederaltaich und der Zeitschrift »Una sancta«, herzlich willkommen.

In den Briefen, die uns erreichten, signalisieren Kolleginnen und Kollegen Interesse an einer Wiederbelebung der Arbeitsgemeinschaft; die Zeichen der Zeit verlangten Synergie!

Auch was die Publikationen angeht, setzen wir die Tradition der Gründerzeit fort. Hans Küng begründete damals, z.T. im Verbund mit Josef Ratzinger, Eberhard Jüngel und Jürgen Moltmann, die Reihen »Ökumenische Theologie« und »Ökumenische Forschungen«, deren Programmatik

Sie in den Vorworten des jeweils ersten Bandes nachlesen können, – es sind dies Hans Küngs »Die Kirche« und Karl-Josef Kuschels »Jesus in der deutschsprachigen Gegenwartsliteratur«. Nach Küng starteten wir unsere programmatischen Veröffentlichungen, in Zusammenarbeit mit der Fakultät, mit einem Diskussionsband zu Küngs Anliegen: »Dimensionen der Wahrheit«.

So wurde die innerkatholische theologische Arbeit fortgeführt, während wir mit der Veröffentlichung unserer Thesen zur Eucharistischen Gastfreundschaft, erarbeitet in menschlich-christlich-theologischer Kooperation mit den Kolleginnen und Kollegen aus Bensheim und Straßburg, die Tradition der Memoranden aufgriffen, nicht um der Wiederbelebung einer Tradition willen, sondern herausgefordert durch die Notwendigkeiten einer ökumenischen Pastoral.

Gegen alle Widerstände und Ermüdungserscheinungen wissen wir uns darüber hinaus verpflichtet, die Ökumenische Arbeitsgemeinschaft der beiden theologischen Fakultäten zu pflegen. Sie kommt ihrerseits seit Jahrzehnten jeden ersten Mittwoch im Monat im evangelischen Gemeindehaus »Lamm« zusammen; zu ihr sind promovierte Theologinnen und Theologen aus Tübingen und Umgebung eingeladen, regelmäßig können wir internationale Gäste begrüßen. Wir wünschen uns, dass alle, welche die Zugangsbedingungen erfüllen – und das ist in diesem Fall nicht schwer – , sofort beim Kauf des neuen Jahreskalenders den ersten Mittwochabend im Semestermonat freihalten – zwei Stunden von über 120 Mindestarbeitsstunden im Monat.

Tradition und Innovation prägen so die 40 Jahre des Bestehens unseres Instituts. Vier Fünftel dieses Zeit stand es unter der Leitung von Hans Küng, ziemlich genau zwei Fünftel innerhalb und zwei Fünftel außerhalb der Fakultät. Ich selbst stehe sozusagen für das letzte Fünftel gerade, seit mit der Emeritierung Hans Küngs das Institut an die Katholisch-Theologische Fakultät zurückkehrte, mit abgespeckter Ausstattung und vor allem ohne eigene Stelle eines Direktors. Als für Dogmatik und Ökumenische Theologie Habilitierter und am Fortgang der Ökumenischen Bewegung Interessierter stand ich bereit und habe, nicht wahr, lieber Hans Küng, für einen problemlosen Übergang gesorgt.

Dabei änderte sich die Binnenstruktur unseres Instituts. Jetzt ist nicht mehr einer »der Küng«; um bei der Assoziation zu bleiben: Kronprinz und Hofmarschall sind regierungsfähig geworden. Und so leite ich gemeinsam mit den beiden Kollegen, in deren Namen ich Sie ebenfalls willkommen heißen darf: Prof. Karl-Josef Kuschel, der als stellvertretender Direktor, und Prof. Urs Baumann, der als Geschäftsführer des Instituts agiert.

Willkommen heiße ich Sie auch im Namen unserer Mitarbeiterinnen und Mitarbeiter, ohne die wir weder den täglichen Betrieb noch die saisonbedingten und schon gar nicht die ad hoc anfallenden Aktivitäten bewältigen könnten: Ich begrüße Sie also auch im Namen meiner Assistentin Frau Dr. Annemarie Mayer und unserer Sekretärin Frau Angelika Hack, und schließlich auch im Namen meines Assistenten am Lehrstuhl Dr. Bernhard Nitsche, den wir aus Gründen der Synergie als Mitglied unserer Dienstbesprechungsrunde kooptiert haben. Insider wissen, dass ohne Studentische und Wissenschaftliche Hilfskräfte der Betriebsmotor ins Stottern geraten kann, deshalb möchte ich unsere Mitarbeiterinnen und Mitarbeiter, unter ihnen traditionsgemäß auch Angehörige der Evangelischen Schwesterfakultät, mit in diese begrüßende Vorstellung einbeziehen. Zugleich nutze ich an dieser Stelle die Gelegenheit, alle früheren Mitarbeiterinnen und Mitarbeiter, die heute Abend, z.T. aus dem Ausland, zu uns gekommen sind, herzlich zu begrüßen.

Wenn ich nicht mit der Begrüßung der Prominenten, derer, die in unserer Einladung namentlich aufgeführt sind, begonnen habe, dann nicht nur wegen des eigenen Duktus meiner Rede, sondern auch um zu signalisieren, dass wir alle hier, in welcher Funktion und in welchem Amt auch immer, für Sie da sind, jedenfalls sofern Sie – und davon gehe ich aus – zu den Freundinnen und Förderern der Ökumenischen Bewegung und ihrer theologischen Begleitung gehören. Ausdrücklich heiße ich willkommen die Studentinnen und Studenten, die Mitarbeiterinnen und Mitarbeiter, die wissenschaftlichen und die sog. nicht-wissenschaftlichen.

Jetzt freilich ist es an der Zeit, der Abfolge des Programms entlang zu begrüßen: den Rektor unserer Universität, Herrn Prof. Dr. Dr. h.c. Eberhard Schaich.

Der Institutsprospekt – Logo vor Palme – signalisiert es schon: Unser Institut arbeitet innerhalb und vor dem Hintergrund der Eberhard-Karls-Universität, wir schätzen deren Ressourcen und bemühen uns, ein Aushängeschild zu sein, auf dass Tübingen sich – dem Jargon der Zeit folgend – nicht nur als »Gelehrtenrepublik«, sondern auch als »Stadt exzellenter Wissenschaft« präsentieren kann.

Ich erlaube mir an dieser Stelle ausdrücklich auch den »Altkanzler« unserer Universität Prof. Sandberger herzlich zu begrüßen; auf Ihre Unterstützung, Herr Kollege, konnten wir stets zählen.

Und ich begrüße an dieser Stelle ausdrücklich unsere Oberbürgermeisterin Frau Russ-Scherer, die auch uns keinerlei »Scherereien« bereitet, sondern im Gegenteil stets durch ihre Anwesenheit Sympathie und Verbundenheit zum Ausdruck bringt.

Ich begrüße mit Freude den Bischof der Diözese Rottenburg-Stuttgart Dr. Gebhard Fürst. Und ich erneuere hier das Angebot, das wir bereits Ihrem Vorgänger Walter Kasper machten, als wir drei Professoren des Instituts im Rahmen einer Art Antrittsbesuch vor 8 Jahren unsere Bereitschaft erklärten, als Ökumenisches Institut »vor Ort« mit unserer wissenschaftlichen Kompetenz dem Bistum zur Verfügung zu stehen. Ich weiß, lieber Bischof Gebhard, dass wir gemeinsam sowohl die Erledigung von längst Fälligem wie auch das Bestehen des stets neu Zufallenden im Blick haben.

Aufs herzlichste begrüße ich Landesbischof Dr. Gerhard Maier. Ihre spontane Zusage, die Sie trotz eines dichten Terminkalenders durchgehalten haben, und die Ehre eines Grußwortes freuen uns ganz besonders. Die Vernetzung mit der Schwesterkirche in unserem Land gehört zu den festen Programmpunkten des Instituts; wir realisieren dies auf der Ebene der Gemeinden wie auf der Ebene der Akademien, im Kontakt mit dem Ökumenereferenten und dem Vorsitzenden der Arbeitsgemeinschaft christlicher Kirchen in Baden-Württemberg, dem ev. Pfarrer Dr. Ehmann.

Dem Dekan der Evangelisch-Theologischen Fakultät Herrn Prof. Dr. Eilert Herms danke ich deshalb besonders für sein Kommen und die Bereitschaft, ein Grußwort zu sprechen, in dem er vielleicht ja uns auch etwas ins ökumenische Stammbuch schreiben will. Ich danke ihm besonders, denn er kommt direkt aus seiner Seminarsitzung zu uns. Die Zusammenarbeit der beiden Schwesterfakultäten kann mit Prädikaten wie »selbstverständlich«, »immer fruchtbar«, »gelegentlich spannend« charakterisiert werden. Die Tradition publizistischer Kooperationen wird übrigens auch hier fortgeführt: Kollege Herms verantwortet zusammen mit seinem Kollegen Jüngel und den katholischen Kollegen Eckert und Hilberath das wesentlich von unseren Mitarbeiterinnen und Mitarbeitern als Mitherausgeberinnen erarbeitete »Lexikon der theologischen Werke«.

Ich begrüße in herzlicher Solidarität den Dekan unserer Katholisch-Theologischen Fakultät Prof. Dr. Ottmar Fuchs. Gerne lassen wir uns, lieber Dekan und liebe Fakultät, an erster Stelle aufführen, wenn die Fakultät in Prospekten und auf Homepages ihre Spezialitäten präsentiert. Wir hoffen, dass auch in Zeiten, deren Zeichen auf Sparen stehen, das Interesse an dem, was über den Standard hinausgeht, erhalten bleibt, auf dass noch lange Dekan und Direktor gemeinsam Einladungen unterschreiben und zu Ereignissen begrüßen können wie: Ernennung zum Honorarprofessor, Verleihung der Ehrendoktorwürde, Symposien und Reihen im Studium Generale. In der zweiten Jahreshälfte beginnen wir mit der Dokumentation solcher Ereignisse in der neu gegründeten Reihe der »Tübinger Ökumenischen Reden«.

Aufs allerherzlichste begrüße ich schließlich den Festredner des heutigen Abends Prof. Dr. Konrad Raiser, bis Ende 2003 Generalsekretär des Ökumenischen Rates der Kirchen . Es gehört zum Stil des Instituts und der Fakultät, dass wir bei solchen Anlässen einen nicht-katholischen Kollegen einladen. Sein Kommen und seine Zusage sind – Gott sei Dank – eine öffentliche ökumenische Selbstverständlichkeit geworden. Das war anders zu Beginn der neueren ökumenischen Bewegungen. Einer Ihrer Vorgänger, verehrter Herr Kollege, Willem Visser´t´Hooft, schreibt in seinen Erinnerungen, dass er sich am Vorabend der Zweiten Vatikanischen Konzils mit Kardinal Bea, dem Leiter des Einheitssekretariats, in einem Mailänder Kloster treffen sollte. Er durfte weder seiner Frau davon Mitteilung machen, noch durfte der Klosterbruder an der Pforte bei seinem Erscheinen laut seinen Namen nennen. Die Zeiten jedenfalls haben sich geändert! Sie sind nur deshalb ohne Ihre Frau hierher gekommen, weil in den nächsten Tagen der Umzug von Genf nach Berlin bevorsteht, und in Tübingen ist auch der Presse längst bekannt, dass Sie heute hier unter uns sind. Herzlich willkommen! Sie sind ja selbst ein Tübinger Gewächs, was die Theologie angeht: Sie haben hier studiert, wurden hier promoviert, waren Assistent und gingen dann nach Genf. Was der »bloß« Erweiterung des Horizontes dienen sollte, die Ökumene, wurde zum Dauerberuf und vor allem: zur Berufung. Nach 14 Jahren übernahmen Sie den Lehrstuhl für Systematische Theologie und Ökumene in Bochum, bevor Sie 1993 nach Genf zurückkehrten, um als Generalsekretär des Weltrats der Kirchen erneut an der Ökumenischen Zentrale zu arbeiten.

Meine Damen und Herren, dynamisch wie die Entwicklung des Instituts zwischen Tradition und Innovation kann auch unser Logo interpretiert werden. Schon seit Ende der 70er Jahre symbolisieren die drei Ströme nicht mehr nur die drei großen christlichen Konfessionen – dabei wollen wir andere, z.b. die anglikanische Gemeinschaft, die Altkatholiken oder die Freikirchen nicht vergessen –, sondern wesentlich auch die drei monotheistischen Religionen des Judentums, des Christentums und des Islams. Es ist schwerpunktmäßig die Aufgabe meiner Kollegen Baumann und Kuschel, die Kontakte und Kooperationen mit jüdischen und muslimischen Kollegen zu pflegen und die christliche Reflexion der großen Religionen der Menschheit voranzubringen. Dazu gehören ohne jeden Zweifel auch die asiatischen Religionen. Die Kontakte der Fakultät und des Instituts mit Raimon Panikkar und Francis D´Sa stehen für dieses Engagement. Die drei »O.K.-Haken« könnten auch stehen für »Religion, Wissenschaft und Kultur«, wofür wiederum meine beiden Kollegen federführend tätig sind – durch die Professur für »Theologie der Kultur und des interreligiösen Dialogs« bzw. durch die Veranstaltungen im Studium Generale. Der neueste Band »Gott im Haus der Wissenschaften«, herausgegeben von Urs Baumann, ist übrigens soeben erschienen.

Wofür stehen wir als Institut?
Wir stehen
– für den Stil einer Kommunikativen Theologie, die alle Beteiligten als Subjekte des Glaubens und einer impliziten oder auch expliziten Theologie ernst nimmt;
– für die Balance von Identität und Relevanz, von Selbständigkeit und Beziehung, welche die Sorge um die eigene Identität nicht höher stellt als das geforderte gemeinsame Zeugnis;
– für die Vernetzung ökumenischer Bewegungen und Aktivitäten auf den verschiedenen Ebenen;
– für eine ökumenische Theologie, die sich als Wissenschaft entwickelt und zugleich als spirituellen Lebensvollzug versteht.

Wir gehen weiter unseren Weg der Glaubensverantwortung in intellektueller Redlichkeit. Wer dies in Abrede stellt, hat sich um Glaubwürdigkeit und differenzierende Argumentation zu bemühen. Wir gehen unseren Weg. Kommen Sie mit!

# Begrüßung durch den Rektor der Eberhard Karls Universität Tübingen
## Prof. Dr. Dr. h.c. Eberhard Schaich

Meine sehr verehrten Damen und Herren,
lieber Herr Landesbischof Maier, lieber Herr Bischof Fürst,
sehr geehrter Herr Kollege Raiser,
lieber Herr Dekan Fuchs, lieber Herr Dekan Herms,
lieber Herr Hilberath, lieber Herr Kollege Küng,

als Rektor der Eberhard Karls Universität Tübingen überbringe ich die herzlichen Glückwünsche des Rektorats zum 40. Geburtstag des Instituts für Ökumenische Forschung. Sie sind verbunden mit dem Dank für die in vier Jahrzehnten hier geleistete wissenschaftliche Arbeit, die ganz ohne Zweifel bleibende Wirkung und Ausstrahlung haben wird. Durch sie sind Tübingen und seine Universität auf dieser Welt noch um einiges bekannter gemacht worden. Meine Glückwünsche sind verknüpft mit der sicheren Erwartung, dass dieses Institut auch in Zukunft bedeutsame Beiträge zur Verständigung der Religionen und Konfessionen leistet.

Aus der Sicht dieser Universität sind die erst vierzig Jahre des Instituts ein Stück ganz besonders bewegte Geschichte gewesen. Gegründet im Anschluss an Rufabwehrverhandlungen von Hans Küng im Jahr 1963 trug es von Anfang an sehr stark zur Förderung der Grundgedanken der Ökumene bei. Die Mission des Instituts, eine Verbindung der großen christlichen Konfessionen im Dialog zu fördern, wurde von Anfang an vorbildlich und mit großer Außenwirkung erfüllt. Die Universität Tübingen mit ihren beiden freundschaftlich verbundenen theologischen Fakultäten bot und bietet auch heute das geeignete Umfeld für eine ökumenische Forschung, die viel Aufmerksamkeit auf sich zieht. Zu Recht hat sich das Institut für Ökumenische Forschung zunehmend auch den Fragen des Verhältnisses der Weltreligionen zugewandt. Die weltpolitischen Gegebenheiten haben hierzu vielfältigen Anlass gegeben.

Dieses Institut hat ohne jeden Zweifel ungewöhnliche erste vierzig Jahre hinter sich. Diese sind indessen auch sehr fruchtbar gewesen. Die Ausgliederung aus der katholisch-theologischen Fakultät ist seinerzeit von der Universität beschlossen und organisiert worden in der Absicht, Hans

Küngs Forschungs- und Lehrumfeld unversehrt zu lassen, so dass seiner Weiterarbeit nichts im Wege stand. Er hat diese Chance, Sie alle wissen das, mit Küngscher Einsatzbereitschaft und weltweit reichender Wirkung genutzt. Sein politischer Einfluss, vor allem in den Feldern der internationalen Politik, ist sehr gewichtig und erstreckt sich auf Politiker, die weltweit agieren. Inzwischen ist das Institut behutsam in den Schoß der katholisch-theologischen Fakultät zurückgekehrt. Sie, lieber Herr Kollege Hilberath, haben auf Ihre Weise das Institut auf Kurs gehalten und für seine weiterhin überzeugende Programmatik gesorgt. Ich nenne das Communio-Projekt, die Entwicklung einer Theorie und Praxis der Kirche als Gemeinschaft von Gleichgestellten in lebendiger Vielfalt, betreut durch Sie selbst; die kommunikative Theologie, in der die Art und Weise des lebendigen Lernens in der Theologie zum Thema gemacht wird, betreut ebenfalls durch Sie; die Theologie des Anderen, in welcher christlicher Glaube im Verhältnis mit Judentum und Islam und weite Weltreligionen gesehen wird, betreut von Herrn Kollegen Kuschel; die »nachchristliche« Religiosität, in welcher das neue Bild der Welt angesichts der Entwicklungen in Physik, Biologie, Psychologie und Soziologie thematisiert wird, betreut von Herrn Kollegen Baumann.

Nicht ohne Wohlgefallen kann ich als Rektor feststellen, dass die Produktivität des Instituts für Ökumenische Forschung sehr nachhaltig, sehr sichtbar und auch sehr international angelegt ist. Die Verbindungen des Instituts in alle Welt sprechen hierzu eine überzeugende Sprache.

Ich schließe mit dem Wunsch, dass das Institut für Ökumenische Forschung an der Universität Tübingen auch in Zukunft Einfluss nimmt auf die Erörterung wesentliche Grundfragen unserer Zeit. Die Universität ist stolz, dieses Institut in ihren Mauern zu beherbergen.

# Begrüßung
## durch den Bischof der Diözese Rottenburg-Stuttgart
## Dr. Gebhard Fürst

Sehr geehrter Herr Direktor, lieber Herr Professor Dr. Hilberath,
sehr geehrter Herr Professor Küng,
meine sehr geehrten Damen und Herren!

Zum vierzigjährigen Jubiläum des Ökumenischen Instituts gratuliere ich sehr herzlich! Gleich hier zu Beginn möchte ich Ihnen zurufen: Wir sind froh und dankbar, dass wir dieses Institut, mit seinem großen Engagement in Sachen Ökumene in unserer Diözese wissen. Wir wünschen uns und Ihnen, dass dies auch in Zukunft so bleiben möge! Allen, die Sie hier tätig sind und waren, möchte ich meinen Dank sagen und meinen Respekt ausdrücken für Ihre Arbeit!

2004 erinnern wir uns jedoch nicht nur der Gründung des hiesigen Instituts, sondern auch, und wer weiß das besser als Sie, der Verabschiedung des Ökumenismusdekrets vor ebenfalls vierzig Jahren mit dem Ziel – so die ersten Worte des Dekretes – »die Einheit aller Christen wiederherstellen zu helfen«. Dass beides – Gründung des Instituts und Verabschiedung des Dekrets – in das gleiche Jahr fällt, ist ein Zeichen besonderer Art, das unschwer für jeden zu deuten ist! Wenn manchmal Strömungen laut werden, die die Bedeutung des Ökumenedekrets schmälern wollen, weil es eben *nur* ein Dekret und keine Konstitution des Konzils sei, so war es doch der damalige Papst Paul VI. selbst, der eindeutig feststellte, dass die Kirchenkonstitution Lumen Gentium erst durch das Ökumenismusdekret Unitatis Redintegratio komplettiert würde. In den jetzigen Zusammenhang übersetzt heißt dies, dass erst die Ökumene die Kirche zu sich selbst finden lässt. Die Ökumene ist also nicht nur ein thematisches Segment unter und neben verschiedenen anderen, sondern vielmehr die grundlegende Dimension unseres Christseins und unseres Lebens in der Kirche.

Auch die Charta Oecumenica, die im letzten Jahr beim Ökumenischen Kirchentag feierlich unterzeichnet wurde und die Leitlinien für die wachsende Zusammenarbeit der Kirchen in Europa ausformuliert, will im Sinne einer Selbstverpflichtung, – ich darf zitieren –, »auf allen Ebenen des kirchlichen Lebens eine ökumenische Kultur des Dialogs und der Zusammenarbeit fördern und dafür einen verbindlichen Maßstab schaffen«. Ich als Bischof und wir in unserer Diözese Rottenburg-Stuttgart nehmen dazu hin den Auftrag der Charta sehr ernst, uns zu verpflichten, »Selbstgenügsamkeit zu überwinden und Vorurteile zu beseitigen, die Begegnung miteinander zu suchen und füreinander da zu sein«.

Diese Aufforderung gilt nicht nur im Sinn einer Einbahnstraße als Selbstverpflichtung für unsere Katholische Kirche, sondern auch als Einladung an die anderen in der ACK eingebundenen Kirchen, ihrerseits sich ernsthaft zu prüfen, manches zu klären und auch dazuzulernen. Ich denke dabei z. B. besonders an das Abendmahlsverständnis, an unterschiedliche Vorstellungen über das Grundanliegen der Reformation und das Ziel der ökumenischen Bewegung.

Alle Themen und Fragestellungen sollen deshalb daraufhin befragt und geprüft werden, ob sie in Sprache und Gehalt ökumenisch offen und dialogfähig sind. Dazu war und ist nicht zuletzt eine Einrichtung wie das hiesige Institut für Ökumenische Forschung mit seiner Tradition, seiner mehrfachen Ausrichtung, seinen zahlreichen Foren und Verbindungen ein ausgezeichneter Ort.

Meine sehr geehrten Damen und Herren, um der Glaubwürdigkeit des Evangeliums willen sollen die verschiedenen Kirchen und kirchlichen Gemeinschaften ihr Zeugnis vor der Welt und gegenüber der Öffentlichkeit zunehmend gemeinsam ablegen und immer stärker »in allen Dingen gemeinsam handeln, abgesehen von solchen, in denen tiefe Unterschiede der Überzeugung sie zwingen, für sich allein zu handeln«: So formuliert in der Erklärung von Lund (1952), die mir in ihrer ebenso fordernden wie nüchternen Art gut gefällt.

In Fällen, wo völlige Gemeinschaft noch unmöglich erscheint, liegt in gewisser Weise für alle in der Ökumene engagierten Christen eine ›Bringschuld‹ oder Beweislast vor. Im Sinne der Charta Oecumenica muss nachgewiesen werden, warum es an diesem oder jenem Punkt kein bzw. noch kein gemeinsames ökumenisches Handeln geben kann. Gerade die Selbstverpflichtung der Charta Oecumenica drängt uns alle, unser Handeln ökumenisch entschieden auszurichten und zu öffnen. Sie bewahrt uns so jedoch auch vor einer verschwommenen Einheitsvorstellung in der Ökumene und führt zur notwendigen, wenn auch schmerzhaften Klarheit gerade in den Bereichen, in denen Kirchengemeinschaft bisher nicht möglich ist.

Von der Frage nach der Wahrheit werden wir nicht dispensiert, sie wird uns gemeinsam, Christen, Kirchen und kirchlichen Gemeinschaften wie

Ökumenischem Institut, weiterhin zugemutet und nur sie und ihre Erkenntnis wird uns letztlich zur Gemeinschaft befreien.

Gerade in der heutigen Zeit immer noch zunehmender Pluralisierung, Globalisierung und auch wachsender Unübersichtlichkeit ist es nicht gleich-gültig, welche Botschaft weitergegeben wird und in welcher Gestalt dies geschieht!

Das Ringen um Wahrheit, der allein es erlaubt ist uns zu binden, geschieht aus Respekt vor ihr und aus Liebe zu ihr.

So scheint es mir als Abschluss ein besonderes Wort des Grußes für diese Stunde zu sein, wenn wir uns die klaren und mehr denn je herausfordernden Sätze aus dem Ökumenedekret des Zweiten Vatikanischen Konzils in Erinnerung rufen. Das Konzil hat die Ökumene als eine zentrale Aufgabe von Kirche benannt und dies so begründet: »Denn Christus der Herr hat eine einige und einzige Kirche gegründet, und doch erheben mehrere christliche Gemeinschaften vor den Menschen den Anspruch, das wahre Erbe Jesu Christi darzustellen; sie alle bekennen sich als Jünger des Herrn, aber sie weichen in ihrem Denken voneinander ab und gehen verschiedene Wege, als ob Christus selber geteilt wäre. Eine solche Spaltung widerspricht aber ganz offenbar dem Willen Christi, sie ist ein Ärgernis für die Welt und ein Schaden für die heilige Sache der Verkündigung des Evangeliums vor allen Geschöpfen.« (II. Vatikanisches Konzil, UR 1) Da dies aber so ist, ist die verdienstvolle Arbeit des Ökumenischen Instituts in Tübingen unverzichtbar. Es hat selbst vieles dazu beigetragen, dass wir große Schritte vorangekommen sind. Es wird weiterhin dazu beitragen, die Ökumene voranzubringen.

Nochmals also meine herzlichsten Glückwünsche und ausdrücklich auch meine Segenswünsche für eine gute, fruchtbare Zukunft!

# Begrüßung
## durch den Bischof der württembergischen Landeskirche
## Dr. Gerhard Maier

Sehr geehrter Herr Professor Dr. Hilberath,
sehr geehrter Herr Rektor Professor Dr. Schaich,
lieber Bruder Fürst,
sehr geehrte Herren Dekane,
lieber Herr Raiser,
sehr verehrte Damen und Herren,

als Hans Küng dieses Institut vor 40 Jahren gründete, war dies ein mutiger Schritt in weitgehend neues und unbekanntes Land.

Heute ist die Ökumene keine terra incognita, kein unbekanntes Land mehr. Allein die Tatsache, dass hier auch der Landesbischof der Evangelischen Landeskirche in Württemberg wie selbstverständlich ein Grußwort spricht, legt dafür Zeugnis ab.

Gerne bin ich Ihrer Einladung gefolgt. Im Namen unserer Landeskirche und auch ganz persönlich möchte ich dem Institut, seiner Leitung und all seinen Mitarbeiterinnen und Mitarbeitern herzliche Glückwünsche zum Jubiläum aussprechen. Für die Zukunft wünsche ich Ihnen Beharrlichkeit und sehr viel Frustrationstoleranz, Mut für die heißen Eisen, an denen es in der Ökumene wahrhaftig nicht mangelt, aber immer auch die zuversichtliche Erwartung, dass Gottes Geist wirkt und uns Gott mit Positivem überrascht.

Bei dieser Gelegenheit danke ich dafür, dass das Institut für Ökumenische Forschung immer wieder gemeinsame Lehrveranstaltungen mit Professoren und Assistenten der Evangelisch-Theologischen Fakultät anbietet, so in diesem Semester das Seminar, das Sie, Herr Professor Hilberath, zusammen mit Professor Bayer über das Pfarramt halten, oder das Proseminar von Frau Dr. Mayer und Herrn Dr. Schwanke.

Dankbar bin ich auch für die Zusammenarbeit mit dem Institut für Ökumenische Forschung in Straßburg und mit dem Konfessionskirchlichem Institut in Bensheim.

Es ist uns allen klar, wie ich denke, dass Sie weiterhin kritische Fragen an beide Kirchen, ja an alle in der Ökumene Beteiligten stellen müssen.

Wir wollen uns diesen kritischen Fragen nicht nur stellen, sondern wir erbitten sie sogar!

Ein Festakt wie dieser darf kein beruhigender Rückblick, sondern muss *ein höchst gespannter Ausblick* sein.

Die Kirchen stehen sich unbestreitbar viel näher als im Gründungsjahr des Instituts. Aber wie wird aus Nähe – Gemeinschaft? Die Ökumene ist nicht mehr so umstritten wie damals. Aber *wer* gehört *wie* dazu? Ich denke vor allem an die orthodoxen Kirchen. (Europa war damals geprägt durch christlich beeinflusste Kabinette.) Was tragen heute Christen gemeinsam zum Bau eines kommenden Europa bei? Unsere Rechtsordnung lebte damals in aller Offenheit aus christlichen Quellen und Werten. So habe ich es selbst bei Günter Dürig gelernt. Aber die neuen Kommentare zum Grundgesetz sind auch an dieser Stelle neu konzipiert.

Ökumene lebt in verschiedenen Klimazonen. In Württemberg ist das Klima gut. Zwischen der evangelischen und katholischen Kirche ist es besonders gut.

Auch in Einzelpunkten lassen sich verschiedene Klimazonen feststellen. Ja wir selbst in den Kirchenleitungen durchliefen und durchlaufen sie angesichts aktueller Herausforderungen in einem ständig wechselnden Prozess. Das betrifft etwa die Themen Muslime, Verhältnis zu den orthodoxen Kirchen oder die Frage: Wer und was ist ›Kirche‹?

Für mich ist der entscheidende Ansatz die Reich-Gottes-Hoffnung, das Leben im Reich Gottes, das schon begonnen hat, aber noch nicht vollendet ist. Es wird niemals einen fertigen, geschlossenen christlichen ›Apparat‹ geben, auch nicht im Bereich der Ökumene. Dazu ist die Dynamik des Christentums viel zu groß.

Wie oft ist das Christentum schon totgesagt worden: von Celsus über Diokletian und Julian bis hin zu den kommunistischen Regimes. Doch was die Realität bedeutet, habe ich dieser Tage in Weißrussland neu kennen gelernt: viele Kirchen im Bau, Ströme von Menschen in den Gottesdiensten, die zu Beichte und Abendmahl strömen, und vor allem junge Priester, die das Bild bestimmen. Das Christentum ist weltweit im Kommen, und nicht im Verschwinden.

Für die Ökumene aber bleibt es entscheidend, ob sie eine *geistliche Bewegung* ist, ob wir geistlich und theologisch zusammenwachsen. Christusnähe und Christusentsprechung sind ihre Kriterien. Deshalb ist Joh 13,34 für mich eines der wichtigsten Worte Jesu: »Ein neues Gebot gebe ich euch, dass ihr euch untereinander liebt, wie ich euch geliebt habe, damit auch ihr einander lieb habt.«

In diesem Sinne wünsche ich dem Institut und der gesamten Mitarbeiterschaft alles Gute, ja wirklich Gottes Segen.

## Begrüßung durch den Dekan der Evangelisch-Theologischen Fakultät der Universität Tübingen
### Prof. Dr. Eilert Herms

Hochwürdige Herren Bischöfe,
verehrter Herr Generalsekretär,
Magnifizenz, lieber Herr Dekan Fuchs,
lieber Herr Direktor Hilberath,
hochgeschätzte Jubiläumsversammlung!

Wenn ein Glied leidet, so leiden alle mit, wenn eines Anlass zu Freude und Feier hat, so freuen sich und feiern alle anderen auch mit. Das ist christlicher Brauch. Ihm folge ich und entbiete dem Institut für Ökumenische Forschung und der Katholisch-Theologischen Fakultät im Namen der Evangelisch-theologischen Fakultät herzliche Glückwünsche zum 40-jährigen Bestehen des Instituts für ökumenische Forschung. Wir wissen es zu schätzen, dass es neben und verbunden mit der römisch-katholischen Fakultät das römisch-katholische Institut für Ökumenische Forschung gibt. Und wir wissen, dass diesem Institut, seiner Arbeit und seinen vielfältigen Initiativen, ein besonderer Rang und – keineswegs nur, aber jedenfalls auch deshalb – hohe Bedeutung, ja Autorität zukommt, weil es eben verbunden ist mit derjenigen katholisch-theologischen Fakultät in Deutschland, der Tübinger, die aus der Geschichte der Lehrentwicklung der römischen Weltkirche in den letzten zwei Jahrhunderten gar nicht wegzudenken ist. Wir freuen uns von Herzen, das dieses Institut nun – ausgerüstet mit dem Schatz ökumenischer Erfahrungen fast eines ganzen halben Jahrhunderts – blühend und kräftig seine Beratungs- und Pfadfinderdienste für die ökumenische Bewegung der römisch-katholischen Kirche und auch für die ökumenische Bewegung aller anderen Kirchen fortsetzen kann.

Die Evangelisch-theologische Fakultät hat stets die Arbeit des römisch-katholischen Instituts für ökumenische Forschung mit interessierter Aufmerksamkeit, mit großer Achtung und mit neidloser Sympathie begleitet. Sie hat darauf verzichtet und wird weiterhin darauf verzichten, auch ihrerseits ein evangelisches ökumenisches Institut zu gründen, obwohl ökumenische Aktivitäten nicht nur zu den vorzeigbarsten, sondern auch zu den sachlich wichtigsten Arbeitsbereichen der Theologie am Beginn des 21. Jahrhunderts zählen. Das hängt nicht etwa damit zusammen, dass wir Rang und Gewicht des ökumenischen Engagements wissenschaftlicher Theologie geringer einschätzen würden als unsere römisch-katholischen Schwestern und Brüder, sondern nur damit, dass wir – vielleicht aufgrund der besonderen Art des Beteiligtseins der Fakultäten an der Ausübung des Lehramts der evangelischen Kirchen selbst – weiterhin die ökumenische Verantwortung der Fakultät als ganzer wahrnehmen möchten, wie wir es in letzter Zeit mehrfach getan haben – im römisch-katholisch / evangelisch-lutherischen Dialog etwa durch die Fakultätsstellungnahme zu dem Text *Communio Sanctorum* oder auch im jüdisch-christlichen Dialog durch ein Beratungspapier für die hiesige Landessynode, dessen Grundgesichtspunkte dann von der Leuenberger Kirchengemeinschaft in ihrem auf der letzten Vollversammlung der einstimmig verabschiedeten Konsenspapier »Kirche und Israel« aufgegriffen und festgehalten worden sind. Diese Form ökumenischer Arbeit unserer Fakultät konkurriert nicht mit der Ihres Instituts. Vielmehr möchte sie nach den Grundsätzen und Verfahren reformatorischer Theologie zu dem nicht nur höchst wünschenswerten, sondern auch immer mehr spürbaren Fortschritt der ganzen westlichen Christenheit beitragen, ihre Geschichte seit Reformation und Aufklärung nicht mehr nur als eine Verlustgeschichte zu beklagen, sondern diese Geschichte in erster Linie dankbar zu durchschauen und anzuerkennen als eine Geschichte des Wachsens und Heranreifens eines reichen Schatzes von Erfahrungen mit dem Problemfeld »Religion, Gesellschaft und gesellschaftlichem Frieden angesichts und auf dem Boden von religiöser Mannigfaltigkeit«. Diesen Schatz gemeinsam fruchtbar zu machen, ist – denke ich – unser gemeinsames Anliegen. Und ich sehe mit dem größten Erstaunen und Respekt, wie dieses Interesse neuerdings auch in fulminanten Äußerungen des zentralen Lehramts der römisch-katholischen Kirche sichtbar wird, etwa in den Enzykliken »Veritatis splendor« und »Fides et ratio«, die – in einer m. E. zu den größten Hoffnungen Anlaß gebenden Weise – anerkennen, dass alle geistliche Autorität in der Kirche allein die Autorität der Wahrheit ist, die für sich selber spricht.

Daran mußte ich denken, als ich am Wochenende in Schleiermachers »Christlicher Sittenlehre« folgende Blüte fand, die ich flugs brach, um sie Ihnen hier zu überreichen. Im Zusammenhang seiner Überlegungen über das Recht konfessioneller Mannigfaltigkeit in der Christenheit sagt der große Mann: Auf den beiden Grundüberzeugungen »von der Allgemeinheit der Erlösung durch Christum und von der Identität des göttlichen Geistes in allen Gläubigen beruht die Fähigkeit aller Christen zur Gemeinschaft untereinander. Darum hat die Kirche auch stets mit großer Besonnenheit dieses anerkannt, dass das selbst ketzerisch sei, die Ketzer so auszuschließen, dass die Einheit aller derer, die alles auf Christus beziehen, absolut aufgehoben würde; sie hat stets die Ketzertaufe als eine gültige Taufe anerkannt, die Gemeinschaft mit den Ketzern also nicht absolut geleugnet. / Und unter dieser Voraussetzung können Teilungen in der christlichen Kirche *be*stehen, aber sie können auch nur *ent*stehen, niemals willkürlich gemacht werden, wie sich das auch in der christlichen Kirche vollkommen bewährt. Denn auch die gegenwärtige Trennung in der abendländischen Kirche hat niemand gewollt, niemand willkürlich gemacht, selbst die katholische Kirche nicht, sofern die Exkommunikation, die sie aussprach, auch keine andere Absicht hatte, als diejenigen auf den vermeintlich rechten Weg zurückzuführen, die für irrend gehalten wurden. Und es ist immer möglich, dass, was man für einen Gegensatz hielt, verschwindet, sobald man gemeinschaftlich die Wahrheit sucht in Liebe.« Soweit der Kirchenvater des 19. Jahrhunderts.

Sie wissen, dass ich die hinter uns liegende Geschichte der ökumenischen Bewegung für eine Erfolgsgeschichte halte. Sie hat zu einem vertieften Verständnis und Umgang mit den unterschiedlichen Traditionen geführt. In diesen selbst liegen die Motive zur gegenseitigen Anerkennung, evangelische Motive zur Anerkennung der katholischen Weise, katholische Motive zur Anerkennung der evangelischen Weise des Christseins – wie in einer guten Ehe, in der auch jeder Teil dadurch überrascht und beglückt ist, von einem *anderen* anerkannt und geliebt zu werden. Solch gegenseitige Anerkennung erfahren evangelische und katholische Christen heute im Alltag in beflügelnder und beglückender Weise. Diese Anerkennung muss auch in den Kirchenordnungen anerkannt werden. Das möchten wir. Darum ringen wir gemeinsam. Und heute abend ist es Zeit, kurz und knapp festzustellen: Gott sei Dank, daß wir Sie dabei an unserer Seite haben.

Begrüßung durch den Dekan
der Katholisch-Theologischen Fakultät
der Universität Tübingen
Prof. Dr. Ottmar Fuchs


Liebe Studentinnen und Studenten,
sehr geehrte Kolleginnen und Kollegen,
sehr verehrter Herr Rektor Prof. Dr. Schaich,
sehr geehrter Herr Bischof Dr. Fürst und
sehr geehrter Herr Landesbischof Dr. Meier,
sehr geehrter Herr Direktor des Instituts für Ökumenische Forschung
Herr Kollege Hilberath,
sehr verehrte Gäste
und darunter vor allem sehr geehrter Herr Professor Dr. Raiser,

im Namen der Katholisch-Theologischen Fakultät an der Eberhard-Karls-Universität Tübingen darf ich Sie herzlich begrüßen zu diesem besonderen Fest zum 40-jährigen Bestehen des Instituts für Ökumenische Forschung.

*I.*

Noch vor Beendigung des Zweiten Vatikanischen Konzils wurde an unserer Fakultät inhaltlich und institutionell darauf reagiert, wie während des Konzils der ökumenische Austausch und Anteil immer bedeutsamer und konzeptionell greifbarer wurde. Dass es seitdem eigentlich keine katholische Theologie mehr ohne ökumenische Perspektive geben kann, erfuhr durch einen Theologen eine ebenso schnelle wie strukturpolitisch wirksame Reaktion, der ohnehin von seinen bisherigen Forschungsarbeiten bereits gewissermaßen darauf vorbereitet war und damit selbst beträchtlicherweise auf diese Entwicklung des Zweiten Vaticanums Einfluss genommen hat (mit seiner großen ökumenischen Forschung zur Rechtfertigungstheologie): nämlich durch Prof. Dr. Hans Küng. Das Institut für Ökumenische Forschung unserer Fakultät ist seiner Initiative zu verdanken, der als Fundamentaltheologe begann und im Zuge der Rufabwendungsverhandlungen 1963/64 einen Lehrstuhl für Dogmatik einwarb und in diesem Zusammenhang auch die Errichtung eines Tübinger Ökumenischen Instituts erreichte.

Mit seinem Namen ist nach wie vor so etwas wie das Urcharisma dieses Instituts verbunden. In den 60er und 70er Jahren brachte das Institut die theologische ökumenische Forschung entscheidend voran (ich erinnere nur an die Bände der Reihe Ökumenische Forschungen in ihren verschiedenen Abteilungen), wenn auch nicht alle Bemühungen immer von Erfolg gekrönt waren. Während des Exils des Instituts in den 80er und in der ersten Hälfte der 90er Jahre verlagerte sich der Schwerpunkt auf die sogenannte große Ökumene, auf den interreligiösen Dialog, wenn auch die ›klassischen‹ Fragen weiterhin im Blick waren, wie zunehmend hinsichtlich der Orthodoxie. Mit der Emeritierung des Gründungsdirektors 1996 kam das Institut an unsere Fakultät zurück und wird seither von dem Kollegen Jochen Hilberath geleitet, der den Lehrstuhl für Dogmatik und Dogmengeschichte als Nachfolger von Walter Kasper vertritt.

Dabei weiß sich das Institut weiterhin beiden Aufgaben verpflichtet: der ›kleinen‹ wie der ›großen‹ Ökumene, dem Ökumenismus ad intra wie ad extra, oder wie es das Thema des heutigen Festvortrags formuliert: dem Dialog der Kirchen und der Religionen.

*II.*

Das Institut für Ökumenische Forschung ist kein Anhängsel unserer Fakultät, sondern gehört zu ihrer Identität. Auch wenn sich bei den Verantwortlichen des Instituts eine Entwicklung spiegelt, dahingehend, dass die Vertreter der systematischen Disziplinen in der Fundamentaltheologie und Dogmatik in der Regel die Gründer, Leiter und Promotoren der Ökumenischen Institute und Arbeitsstellen waren, insofern auch heute systematisch-theologische Kollegen und Kolleginnen die Arbeit dort verantworten. Dies lag und liegt auch nahe, da sich insbesondere in der Systematik die wissenschaftlich zu bearbeitenden Fragestellungen bündeln und da zugleich hier die konfessionell bestimmten Hermeneutiken am deutlichsten greifbar, abgrenzbar und wenn das Gespräch lang genug und intensiv genug geführt wird, auch vermittelbar sind. Gleichzeitig nimmt dieses Institut auch heute sehr ernst, dass Pioniere der Ökumene auch in den anderen Teildisziplinen der Theologie präsent waren und sind. Diese Verbindung zwischen Institut und Fakultät, zwischen der ökumenischen systematischen Theologie am Institut und den insgesamten Fächern in der theologischen Fakultät zeigt sich in interdisziplinären Seminaren und Vorlesungen, in welche die Vertreter aller theologischer Disziplinen einbezogen werden.

Bei der uns bevorstehenden Entwicklung neuer Studiengänge bzw. im Zusammenhang mit der Konzeption von Modulen wird die Fakultät auf eine angemessene Berücksichtigung der expliziten ökumenischen Theologie wie der ökumenischen Dimension als ganzer drängen und darin vielleicht mehr sogar als bisher ihre spezielle Exzellenz darstellen können. Signifikant für diesen Zusammenhang ist die Tatsache, dass Lehrstuhl für Dogmatik und Dogmengeschichte und das Ökumenische Institut in Personalunion von Kollegen Hilberath geleitet werden, so dass bereits hier die Verzahnung mit der Fakultät institutionell verankert ist. Inhaltlich zeigt sich diese Vernetzung in einer permanenten gegenseitigen Herausforderung ja Provokation, die eigene ökumenische Forschung in den Kontext der Gesamttheologie zu stellen und auf der anderen Seite die Lehre und Forschung der theologischen Disziplinen allesamt auf die ökumenische Perspektive zu öffnen.

*III.*

Die Tatsache, dass das Institut für Ökumenische Forschung eine Einrichtung der Katholisch-Theologischen Fakultät ist, verhindert in keiner Weise, sondern provoziert vielmehr den Austausch mit den Kollegen und Kolleginnen und mit den Studierenden der Evangelisch-Theologischen Fakultät, an dem sich unsere verschiedenen Disziplinengruppen beteiligen, den das Institut jedoch nochmals eigens im Blick hat. Dies gilt auch für die Ökumenische Arbeitsgemeinschaft, die während des Semesters zu bestimmten ökumenisch einschlägigen Themen allmonatlich tagt. Gerade in den letzten Jahren ist uns in dieser auch architektonisch ermöglichten Verbindung miteinander in einem Haus und mit einer Bibliothek aneinander aufgegangen, wie notwendig wir zusammen gehören, aber auch wie unterschiedlich wir in Mentalität und Theologien sind und sein dürfen, ohne dass der angesprochene intensive Austausch darunter leidet.

Wenn ich hier nur an unser Hauptseminar in diesem Semester zum Thema kirchliches Amt denke, geleitet von den evangelischen Kollegen Beyer und Dieter sowie von Hilberath und mir, dann wird sehr schnell sichtbar, dass die Alternative Konsens- oder Differenzhermeneutik als ideologische Programme absolut obsolet sind. Sehr sensible Bestreben, die Differenz zu bestimmen, und zugleich die Differenz den anderen zu gönnen, lässt manchmal wie ein Geschenk im Gespräch etwas aufleuchten, was vielleicht einmal ein Konsens sein könnte, den man aber jetzt nicht im Griff hat. Und zugleich zeigt der nie verabschiedete Konsens darüber, auch in der Differenz die uns vom gemeinsamen Christus geschenkte Einheit nie aufgeben zu können, weil sie uns gegeben und nicht von uns produziert ist, ermöglicht es um so mehr, die mitunter schmerzenden Differenzen zu sehen, bis zu ihrem Schaft durchzubuchstabieren und dann beides zuzulassen: einmal ein gesteigertes Verstehen der anderen Seite, zum anderen aber auch das in einer solchen Beziehung formulierbare Eingeständnis, mit dem Verstehen des anderen gar nicht vorwärts zu kommen und diesbezüglich völlig hilflos zu sein.

Wir lernen es vor allem unter diesem einen Dach, niemals den Konsens zur Bedingung unserer Kooperation zu machen, sondern unser Miteinandersein kreativ zu gestalten, manchmal auch auszuhalten, aber nie zu verabschieden, und dabei das Geschenk zu erhalten, partielle Übereinstimmungen erreicht zu haben. Denn eines dürfen wir in diesem Haus nie vergessen: Noch bevor wir etwas getan haben, sind wir gnadentheologisch in der gemeinsamen Taufe miteinander verbunden, und diese Verbindung gilt auch kontrafaktisch, in unseren Differenzen und Widersprüchen. Sie ist durch unsere Werke oder Nichtwerke niemals außer Kraft zu setzen. Unser gemeinsames Dach mit der Evangelisch-Theologischen und der Katholisch-Theologischen Fakultät und dem Institut für Ökumenische Forschung dürfen wir als Zeichen und Symbol dieses Zusammenhangs wahrnehmen und gestalten.

Deswegen ist für ein solches Institut nicht nur die inhaltliche Lehr- und Forschungsarbeit so bedeutsam, sondern der Arbeits- und der Kommunikationsstil, in dem alles stattfindet. Er prägt den Geist des Kontaktes, des Dialogs, er führt zusammen auch da, wo wir unterschiedlicher Meinung bleiben.

*IV.*

Diese Andeutung zeigt schon, dass ein solches Institut auf einen intensiven Außenbezug angewiesen ist und zugleich die gesamte Fakultät dieser Dynamik aussetzt. Als derartiges lokales und weltweites Markenzeichen verleiht das Institut auch unserer Fakultät in diesem Bereich eine spezielle Exzellenz. So waren wichtige Ereignisse der Fakultät auch durch die Professoren und Mitarbeiterinnen des Ökumenischen Instituts ermöglicht: wie etwa die Ernennung Walter Kaspers, damals noch Bischof, aber kurz vor seiner Ernennung zum Kardinal, zum Honorarprofessor der Universität, wie die Verleihung der Ehrendoktorwürde an Prinz Hassan bin Talal, wie die Verleihung der Ehrendoktorwürde an Frau Pfarrerin Helga Hiller, stellvertretend für den Ökumenischen Weltgebetstag der Frauen. Zu denken ist auch an das Symposion mit und über Raimond Pannikar im letzten Herbst. Regelmäßig sorgt das Institut auch für die Präsenz der Fakultät im Studium Generale.

Nach außen hin ist besonders an die Kooperation mit den Instituten des Lutherischen Weltbundes in Straßburg und des Evangelischen Bundes in Bensheim zu erinnern, die in den Thesen zur Abendmahlsgemeinschaft zu einer breiteren Öffentlichkeit bekannt wurde. Kontakte und Zusammenarbeit in Projekten gibt es sowohl innerhalb der hiesigen Diözese wie auch mit der Landeskirche, mit der Arbeitsgemeinschaft christlicher Kirchen, mit dem Internationalen Diakonatszentrum mit der schwedischen Kirche, mit der anglikanischen Gemeinschaft, mit der Episcopal Church. Der interreligiöse Dialog gilt Vertretern des Judentums wie des Islams; die Bandbreite reicht von Dialogseminaren mit christlichen und muslimischen Studierenden bis zur verantwortlichen politischen Mitarbeit bei dem Projekt »Islamischer Religionsunterricht«. Die Vernetzung mit dem Projekt »Weltethos« erweitert nochmals den Horizont und die Landkarte der Kontaktstellen.

*V.*

Institutionen und besondere Aktionen sind wichtig. Wichtiger ist der Geist, in dem dies alles geschieht. Und am allerwichtigsten ist es, dass dieser ökumenische Einsatz immer auch und vor allem Basisarbeit darstellt. Dies gilt in einem doppelten Sinn: einmal Kommunikation im Blick auf die Menschen in den Gemeinden der verschiedenen Kirchen. Es geht dabei um die Wahrnehmung bestehender Ökumene in und zwischen der Kirchen und um die Identifikation ihrer Theologien im Forschungsbereich, womit sie die ökumenische Verpflichtung der Theologie gegenüber diesen Bewegungen und Personen und im Kontakt mit diesen einlöst. Was umgekehrt in der Forschung an Ergebnis zutage tritt, kann dann auch wieder mit den ökumenischen Initiativen ausgetauscht werden.

Zum anderen ist es das Bemühen, den Glauben der Christenheit immer wieder an die gemeinsame theologische Basis zu verweisen: an die gnädige Zuwendung Gottes zu allen Menschen. Wenn Christen und Christinnen in den Kirchen jeweils eintreten für diesen gnadentheologischen Vorbehalt, dass Gott gegenüber alles andere, das Vorletzte bleibt und dies gemeinsam in der Gesellschaft bezeugen, dann stehen sie auf einer gemeinsamen Plattform, die mehr an Gemeinsamkeit bedeutet, als gegenwärtig vielerorts für möglich gehalten bzw. als schon gegeben erachtet wird.

*VI.*

Als Dekan dieser Fakultät wünsche ich uns, dass das Institut weiterhin Motor der ökumenischen Arbeit an unserer Fakultät, unter unserem gemeinsamen Dach und in die Welt hinaus bleibt, und dass ihm für die kommenden Jahre und Jahrzehnte die von den jeweiligen Kontexten immer wieder neu abhängige Entfaltung seines Urcharismas möglich sein wird, nicht zuletzt dadurch, dass dieses Institut auch immer die materialen, personalen und finanziellen Voraussetzungen erhalten wird, die es für die gründliche Wahrnehmung seiner wichtigen Verantwortung benötigt.

Ich darf allen jenen gratulieren, die gegenwärtig die Forschung und Lehre an diesem Institut verantworten, den Direktor Herrn Prof. Dr. Bernd-Jochen Hilberath, den stellvertretenden Direktor des Instituts Herrn Prof. Dr. Karl-Josef Kuschel, den Geschäftsführer des Instituts Herrn Prof. Dr. Urs Baumann, die wissenschaftliche Assistentin Dr. Annemarie Mayer und nicht zuletzt die Sekretärin Frau Angelika Hack: Ihnen allen darf ich zu diesem 40-jährigen herzlich Dank sagen und für die weitere Geschichte dieses Instituts für Forschung und Lehre alles Gute und

Gottes Segen wünschen.
Unsere Fakultät ist stolz auf das Institut für Ökumenische Forschung und voll Dankbarkeit denen gegenüber, die es verantwortlich gestalten. So bleibt am Schluss, wie man bei Geburtstagen zu sagen pflegt: Alles erdenklich Gute ad multos annos!

## Kirchen und Religionen im Dialog.
## Elemente und Kriterien einer kommunikativen Kultur
## Prof. Dr. Konrad Raiser

Meine sehr verehrten Damen und Herren,

lassen Sie mich beginnen mit einem Glückwunsch an die Leitung und die Mitarbeitenden des Instituts für Ökumenische Forschung, dessen Gründung durch Prof. Hans Küng vor 40 Jahren uns heute zusammenführt. Das Institut hat sich in diesen Jahrzehnten einen international anerkannten Platz in der wissenschaftlichen Diskussion erworben und seine Arbeit strahlt weit über die Universität Tübingen hinaus aus. Ökumenische Forschung ist heute so wichtig wie vor vierzig Jahren, auch wenn die Fragestellungen sich stark verändert haben. Ich wünsche Ihnen, dass Sie diese fruchtbare Arbeit auch im fünften Jahrzehnt mit der gleichen Intensität fortführen können und danke Ihnen zugleich für die Einladung, heute diesen Festvortrag zu halten.

Das Institut wurde gegründet im Jahr der Verkündung sowohl der Kirchenkonstitution wie des Ökumenismusdekrets durch das II. Vatikanische Konzil. In der gleichen Session wurde auch die Konzilserklärung »Nostra Aetate« über das Verhältnis der Kirche zu den nichtchristlichen Religionen grundsätzlich angenommen und dann ein Jahr später verkündet. Diese konziliaren Dokumente markieren den Rahmen und die Grundorientierung für die Arbeit des Instituts in diesen 40 Jahren.

In den ersten 15 Jahren seines Bestehens konzentrierte sich die Arbeit des Instituts auf zentrale Themen der zwischenkirchlichen ökumenischen Diskussion. Zusammen mit den Instituten in Münster, München, Heidelberg, Bochum, und Straßburg wurde das Tübinger Institut zu einem entscheidenden Impulsgeber für die sich schnell entwickelnde ökumenisch-theologische Diskussion in Deutschland und darüber hinaus. Das große internationale ökumenische Symposium in Tübingen 1983 unter dem Thema »Ein neues Paradigma von Theologie?« markiert in gewisser Weise den Abschluss dieser ersten Periode.

Das Verfahren gegen Hans Küng vor der vatikanischen Glaubenskongregation 1979, das zum Entzug der *missio canonica* und der Statusänderung des Instituts führte, hatte auch eine gewisse Neuausrichtung der Arbeit zur Folge. Schon 1982 begann Hans Küng mit einer interdisziplinären Vorlesungsreihe und einem parallelen Forschungsprogramm zum Thema: Christentum und Weltreligionen. Er verstand diese Initiative nicht als Abkehr von der ökumenischen Theologie, sondern vielmehr als ein »gewagtes Experiment« mit einer neuen Form von ökumenischem Dialog, der sich für die interreligiöse Begegnung öffnet. Und schon im Schlusswort zu den drei Bänden über Christentum und Islam, Hinduismus und Buddhismus formulierte Hans Küng die programmatische These: Kein Weltfrieden ohne Religionsfrieden! Dies wurde dann für zum neuen Schwerpunkt in der Arbeit des Instituts mit den beiden großen Projekten »Zur religiösen Situation der Zeit« und dem »Projekt Weltethos«. Das Projekt Weltethos wird nach dem Wechsel in der Leitung des Instituts zu Professor Hilberath im Rahmen der Stiftung »Weltethos« weitergeführt. Es hat inzwischen weltweite Resonanz gefunden.

Auch unter seiner neuen Leitung versteht sich das Institut als Anreger für in die Zukunft weisende ökumenische Fragestellungen, wie die gemeinsam mit den Instituten in Straßburg und Bensheim im vergangenen Jahr veröffentlichen Thesen zur eucharistischen Gastfreundschaft zeigen. Der neue Forschungsschwerpunkt zur ›Comunio-Ekklesiologie‹ und das gemeinsam mit der theologischen Fakultät Innsbruck vorangetriebene Forschungsprogramm zur ›Kommunikativen Theologie‹ nehmen in veränderter Form viele der von Hans Küng angestoßenen Fragestellungen auf und führen sie weiter.

*I.*

Ich verstehe das Thema für diesen Festvortrag als Versuch, Dialog und Kommunikation als Indikatoren für den inneren Zusammenhang der Arbeit des Instituts in den vierzig Jahren seines Bestehens zu interpretieren.

Beides sind Stichworte, die eine große Rolle im gegenwärtigen öffentlichen Diskurs spielen und gerade deshalb fließende Konturen haben. Statt mich auf längere theoretische Diskussionen über Begriffsdefinitionen einzulassen beschränke ich mich im Blick auf das Thema zunächst auf die Feststellung, dass Dialog eine besondere Form von Kommunikation ist und dass die *communicatio* zum Grundverständnis von Kirche als *communio* gehört. So sollte es nicht verwundern, dass die beiden Stichworte auch in die ökumenisch-theologische Diskussion Eingang gefunden haben.

Während die Frage der Kommunikation des Evangeliums seit jeher ins Zentrum der missions-wissenschaftlichen ( und praktisch-theologischen) Arbeit gehört, taucht das Stichwort des Dialogs theologisch-programmatisch erst in der nachkonziliaren ökumenischen Diskussion auf. In früheren theologischen Nachschlagewerken sucht man es vergebens. Es entspricht der pastoralen Ausrichtung des Konzils und der seine Konstitutionen und Dekrete verbindenden *communio*-Ekklesiogie, dass die Bereitschaft zum Dialog mit den anderen christlichen Kirchen und kirchlichen Gemeinschaften, mit den nicht-christlichen Religionen, ja insgesamt mit den Menschen in der Welt von heute zum entscheidenden Kennzeichen für den Geist des II. Vatikanischen Konzils geworden ist. Der Dialog ist zum Symbol für einen neuen Umgang mit Unterschieden und Gegensätzen geworden, denen die Kirchen während Jahrhunderten mit dem Mittel der gegenseitigen Verurteilung begegnet waren.

Das dialogische Prinzip hat freilich eine längere Vorgeschichte in der personalistischen Philosophie und Theologie, wie sie sich in der Nachfolge von Martin Buber´s »Ich und Du« (1923) herausgebildet hatte. Der Personalismus war geprägt von der Krise der damaligen Kultur und Gesellschaft. Er stand in betonter Antithese gegen die Tendenz zur Versachlichung und Objektivierung des menschlichen Lebens und versuchte gegen den Individualismus idealistischer oder liberaler Prägung die soziale Grundstruktur menschlichen Lebens wieder zur Geltung zu bringen, indem er betonte, der Mensch sei nicht von Natur Person, sondern werde zur Person erst in der Begegnung mit dem Anderen. Die Betonung der Beziehungshaftigkeit des menschlichen Lebens ist ein Erbe des Personalismus, das auch in der Theologie des II. Vatikanischen Konzils und nicht zuletzt im Denken von Papst Johannes Paul II. weiterwirkte. Inzwischen ist diese Tradition vor allem von E. Lévinas in seinen Untersuchungen zur Begegnung mit dem Anderen fortgeführt worden.

Auf dem Hintergrund der von der jüdischen Tradition inspirierten Reflexionen zum Dialog als der Begegnung mit dem Anderen bei Buber, Levinas u.a. wird deutlicher erkennbar, dass wir es mit einem doppelten Verständnis von Dialog zu tun haben: einerseits im Sinn der antik-griechischen, philosophischen Tradition, die den Dialog als das dialektische Vordringen zur Idee, zur Wahrheit versteht, und andererseits dem biblisch-jüdischem Verständnis im Sinn der personhaften Begegnung von Angesicht zu Angesicht, von Wort und Antwort. Beide Traditionslinien schwingen mit in der neueren ökumenischen Rezeption des dialogischen Prinzips. Während in den offiziellen zwischenkirchlichen Dialogen in der Regel die gemeinsame Suche nach der Wahrheit des Glaubens im Vordergrund steht, haben vor allem der interreligiösen Dialoge die andere Dimension der existentiellen Begegnung mit dem Anderen, dem Fremden neu ins Bewusstsein gehoben. Der Einfluss dieser unterschiedlichen Traditionslinien wird uns noch weiter beschäftigen.

Bernd Jochen Hilberath und sein Innsbrucker Kollege Matthias Scharer gehen bei ihrer Grundlegung einer kommunikativen Theologie von der Communio-Ekklesiologie des II. Vatikanischen Konzils aus. Sie sind überzeugt, dass diesem ekklesiologischen Konzept eine »kommunikatorisch-partizipatorische Kommunikationsstruktur in der Kirche entsprechen muss.«[1] Sie versuchen dann diese Struktur in Aufnahme des Modells und der Praxis der Themenzentrierten Interaktion im Anschluss an R. Cohn zu entfalten. Die Axiome und Postulate der Themenzentrierten Interaktion sind in der Tat für alles weitere Nachdenken über Dialog und Kommunikation von Bedeutung. Ich greife hier nur wenige Aspekte heraus, die mir wichtig erscheinen. Da ist zunächst die Betonung der unlösbaren Verbindung von menschlicher Eigenständigkeit und Interdependenz mit der Welt. Daraus folgt zugleich, dass jede dialogische Kommunikation ihren Kontext hat, von dem die Partner nicht abstrahieren können. Keine Kommunikation findet im gesellschaftlich luftleeren Raum statt. Schließlich muss unterstrichen werden, dass die Themenzentrierte Interaktion gegenüber einer idealisierten, verständigungsorientierten Konzeption von Kommunikation gerade den Störungen und Widerständen in der Kommunikation vorrangige Aufmerksamkeit widmet; sie können zu tieferer Selbsterkenntnis der Partner und zu einem erweiterten Verständnis des Themas,

---

[1] M. Scharrer und B.J. Hilberath, Kommunikative Theologie. Eine Grundlegung. Mainz ²2003, 117.

der gemeinsamen Sache führen.

Diese kurzen Verweise sollten unterschiedliche Facetten der Thematik von Dialog und Kommunikation andeuten, auf die ich später zurückkommen werde. Mein eigentliches Interesse verbirgt sich freilich hinter dem Stichwort der kommunikativen ›Kultur‹. Ich spreche von ›Kultur‹ in dem Sinn, wie die Erklärung zum Weltethos in ihren »vier unverrückbaren Weisungen« von der Verpflichtung auf eine »Kultur der Gewaltlosigkeit..., der Solidarität..., der Toleranz...(und) der Gleichberechtigung«[2] spricht. Kultur steht hier für eine bestimmte Ausrichtung von Einstellungen und Handlungsweisen, die in Grundannahmen über das menschliche Zusammenleben in der Gesellschaft verwurzelt sind. Dieses Verständnis von Kultur muss unterschieden werden von dem umfassenden Kulturbegriff, wie er in den Sozialwissenschaften Verwendung findet. Es geht von der dynamischen Qualität und wechselseitigen Durchdringung von Kulturen aus und nimmt die Tatsache ernst, dass wir heute mit einem umfassenden Prozess kulturellen Wandels konfrontiert sind. Der Ruf nach einer »neuen Kultur« darf nicht missverstanden werden als handele es sich um den Versuch der Wiedergewinnung einer integrierten Kultur im fundamentalistischen Sinn. Vielmehr geht es darum, die Situation kulturellen Wandels und der Auseinandersetzung zwischen konkurrierenden »kulturellen Strömungen« (R. Schreiter) ernst zu nehmen. Eine »kommunikative Kultur« würde sich demnach darin äußern, die Vielfalt kultureller Muster und Strömungen nicht als Bedrohung der eigenen kulturellen Identität sondern als Anreiz zur dialogischen Kommunikation zu verstehen.

Ein gewichtiges Plädoyer für eine derartige kommunikative Kultur liegt in dem Band »Brücken in die Zukunft. Ein Manifest für den Dialog der Kulturen«[3] vor. Die Schrift ist das Ergebnis der Arbeiten einer Gruppe von hochrangigen Persönlichkeiten (darunter R. von Weizsäcker und H. Küng), die vom Generalsekretär der Vereinten Nationen, Kofi Annan, berufen wurde, um dem für 2001 ausgerufenen Jahr für den »Dialog der Kulturen« inhaltliches Profil zu geben. Im Hintergrund steht die Initiative des iranischen Präsidenten Chatami, der mit seinem Vorschlag eines Jahres der Vereinten Nationen für den Dialog der Kulturen auf die These des amerikanischen Politologen S. Huntington vom »Kampf der Kulturen«

---

[2] Erklärung zum Weltethos. Die Deklaration des Parlamentes der Weltreligionen. Hg. von H. Küng und K.-J. Kuschel, München 1993, 29ff.
[3] Brücken in die Zukunft. Ein Manifest für den Dialog der Kulturen. Eine Initiative von Kofi Annan. Frankfurt 2001.

reagiert hatte.

Die Schrift geht aus von der inzwischen vielfältig belegten Beobachtung, dass die Globalisierung nicht unvermeidlich zur Homogenisierung führt, sondern kulturelle und andere Unterschiede und Differenzierungen verstärken kann. Sie setzt der Tendenz, auf solche Unterschiede mit dem klassischen Freund-Feind Denken zu reagieren, die Aufforderung entgegen, Vielfalt nicht als Bedrohung sondern als potentielle Bereicherung anzuerkennen. Dies setzt die Bereitschaft zum Dialog voraus, der seinerseits in der Anerkennung von gemeinsamen moralisch-ethischen Maßstäben und Grundlagen, wie z.b. der Goldenen Regel wurzelt. Gefordert wird ein gemeinsamer dialogischer Lernprozess, eine aktive Bejahung von Unterschieden aus der Erkenntnis heraus, »dass Vielfalt notwendig ist, damit die Menschheit gedeiht. So wie unser Planet ohne biologische Vielfalt nicht überleben kann, ist die kulturelle und sprachliche Mannigfaltigkeit ein Wesenszug der Menschheit, wie wir sie kennen« (a.a.O. 71).

In diesem Zusammenhang nimmt der Text Bezug auf die vielfältigen Erfahrungen im inter-religiösen Dialog und stellt fest, dass die Bereitschaft, Unterschiede zu tolerieren, eine der Grundvoraussetzungen für jede sinnvolle Kommunikation sei. »Wir müssen uns der Gegenwart des Anderen voll bewusst sein, bevor wir überhaupt beginnen können, zu kommunizieren. Das Bewusstsein von der Gegenwart des Anderen als eines potentiellen Partners im Austausch nötigt uns dazu, unsere Ko-existenz als unleugbare Tatsache anzuerkennen... Wenn beide Seiten genug Vertrauen aufgebaut haben, um einander mit gegenseitigem Respekt in die Augen zu sehen, wird der Austausch möglich. Erst dann kann fruchtbarer Dialog beginnen....Dialog, in diesem Sinn, ist eine Vorgehensweise, die weder auf Überredung noch auf Bekehrung aus ist. Sie zielt vielmehr darauf, Verständnis füreinander zu entwickeln, indem man sich auf gemeinsame Werte einigt...« (a.a.O. 68) Es ist an dieser Stelle nicht nötig, ausführlicher auf die Entfaltung dieser gemeinsamen Werte und die Folgerungen für eine neues Paradigma der globalen Beziehungen einzugehen. Das vorrangige Interesse an der Bezugnahme auf diese Veröffentlichung war der darin unternommene Versuch, Elemente und Kriterien einer kommunikativen Kultur zu entwickeln. Die im Weiteren leitende Frage ist nun, was der ökumenische, zwischenkirchliche Dialog und der interreligiöse Dialog zum Aufbau einer solchen Kultur beitragen können.

*II.*

Wie bereits eingangs angedeutet, hängt die Einführung des Stichworts ›Dialog‹ in den ökumenisch-theologischen Sprachgebrauch eng mit dem II. Vatikanischen Konzil zusammen. Noch vor der Verkündung der entscheidenden Konzilstexte widmete Papst Paul VI den ganzen dritten Teil seiner ersten Enzyklika »Ecclesiam Suam« über die Wege der Kirche (1964) einer eindringlichen Reflexion über den Dialog. Er stellte die ganze Beziehung der Kirche zur Welt und zu den Menschen heute unter die Perspektive eines Dialogs der liebenden Zuwendung. Weil die Kirche selbst lebt aus der von Gott eröffneten dialogischen Beziehung, in der Gott sich als die Liebe zu erkennen gibt, ist die Kirche aufgerufen, diesen »Dialog des Heils« mit den Menschen aufzunehmen und weiter zu führen, ohne Grenzen, ohne Berechnungen und ohne Zwangsmittel. Die ganze apostolische Sendung der Kirche kann so mit dem Stichwort des ›Dialogs‹ zusammengefasst werden, eines Dialogs, der Wahrheit und Liebe, Klugheit und Güte miteinander verbindet. »Das Klima des Dialogs ist die Freundschaft, ja der Dienst«[4].

Diesen »Geist des Dialogs« nahm das Konzil auf. Insbesondere das Ökumenismus-Dekret sah im Dialog zwischen Vertretern der getrennten Kirchen die zentrale ökumenische Aufgabe und Chance (Nr. 4, 9 und 11). Die Pastoralkonstitution »Gaudium et Spes« griff den umfassenden Ansatz der Enzyklika des Papstes auf und stellte das Nachdenken über die gegenseitige Beziehung von Kirche und Welt unter die Perspektive des Dialogs (Nr. 40 und 92). Auch die Erklärung über die Religionsfreiheit betonte den Dialog als den Weg der gemeinsamen Suche nach der Wahrheit (Nr. 3). Diese Sicht der Beziehung der Römisch-Katholischen Kirche zu den anderen Kirchen, zu den Religionen und zur Menschheit im Ganzen als ›Dialog‹ muss als einer der entscheidenden Durchbrüche des Konzils gewertet werden.

Wie bekannt gewann dieser Geist des Dialogs noch während des Konzils Gestalt in der Begegnung zwischen Papst Paul VI. und dem Ökumenischen Patriarchen Athenagoras I. in Jerusalem am 6. Januar 1964. Daraus entwickelte sich die erste Form eines zwischen-kirchlichen Dialogs, dem sehr bald solche mit anderen Kirchen oder Kirchenfamilien folgten. Die Anfangsphase im Dialog mit den Orthodoxen Kirchen wurde als »Dialog

---

[4] Enzyklika »Ecclesiam Suam«. Die Wege der Kirche. Recklinghausen 1964, 25ff, Zitat 32.

der Liebe« bezeichnet mit dem Ziel der »Reinigung des kollektiven Bewusstseins unserer Kirchen« als Voraussetzung für die Aufnahme eines theologischen »Dialogs der Wahrheit«[5].

Bald zeigte sich dann die Notwendigkeit, das Verständnis des Dialogs in ökumenischen Zusammenhängen, seine Grundlagen, Formen und Methoden genauer zu bestimmen. Die 1965 zwischen der Römisch-Katholischen Kirche und dem Ökumenischen Rat der Kirchen gebildete »Gemeinsame Arbeitsgruppe« nahm sich dieser Aufgabe an und veröffentlichte 1967 ein erstes Arbeitsdokument »Über den ökumenischen Dialog«[6]. In knapper Form beschreibt das Dokument die Grundlagen und Ziele des ökumenischen Dialogs, deutet die Themen an, die sich für einen solchen Dialog anbieten, und benennt die Voraussetzungen für einen fruchtbaren Dialog sowie seine verschieden Formen. Drei Jahre später veröffentlichte auch das Einheitssekretariat im Vatikan einen Text mit »Überlegungen und Vorschlägen zum ökumenischen Dialog«. Der Text war ursprünglich als dritter Teil des Ökumenischen Direktoriums von 1967/69 gedacht, wurde aber dann als ›Arbeitsdokument‹ veröffentlicht.[7] Seine Struktur ist sehr ähnlich wie die des Papiers der Gemeinsamen Arbeitsgruppe, aber die Überlegungen sind stärker entfaltet und nehmen ausdrücklich die Aussagen des II. Vatikanischen Konzils auf.

Beide Texte haben sich als Rahmen für die ökumenischen Bemühungen während der letzten vierzig Jahre bewährt. Was dort über Wesen und Ziel, wie auch über Grundlagen und Voraussetzungen des ökumenischen Dialogs gesagt wurde, ist auch heute noch gültig. Auch wenn die Dokumente nicht die geistliche Tiefe der Reflexionen von Papst Paul VI. erreichen, sondern sich stärker den konkreten Fragen der Durchführung ökumenischer Dialoge widmen, so bieten sie doch ein umfassendes Verständnis des Dialogs und seiner Bedeutung für das Leben der Kirchen, das in manchem weiter reicht als die stark intellektuell und theologisch geprägte Form von Dialogen, die sich dann entwickelt hat. Freilich, beide Texte schwanken ein wenig hin und her zwischen einem Konzept von Dialog als

---

[5] Vgl. hierzu die Erklärungen zwischen 1964 und 1979, abgedruckt in: Dokumente wachsender Übereinstimmung 1931-1982, hg. von H. Meyer, H. J. Urban und L. Vischer, Paderborn/Frankfurt am Main 1983, 520-26.

[6] S. L.Vischer, Die eine ökumenische Bewegung, Polis-Reihe Bd. 40, Zürich 1969, Appendix V, 101-111.

[7] S. Reflections and Suggestions concerning Ecumencial Dialogue, in: Doing the Truth in Charity, Ecumencial Documents I, hg. von Th. Stransky und J. B. Sheerin, Paulist Press Ramsey N.J. 1982, 75ff.

Mittel und Weg, um gegenseitiges Verständnis und Vereinbarungen zu erreichen, oder um zu einem tieferen Verständnis der Wahrheit zu gelangen; und andererseits einer Sicht von Dialog als Ausdruck und Verwirklichung der »realen, wenn auch nicht vollkommenen Gemeinschaft«, die auf Grund der einen Taufe schon jetzt zwischen den Kirchen besteht. Die grundlegende Verbindung der ›horizontalen‹ und der ›vertikalen‹ Dimension des Dialogs, die im Ökumenismus-Dekret durchaus im Blick war, kommt nicht wirklich zum Ausdruck.

Das Ökumenische Direktorium von 1993 widmet dem ökumenischen Dialog einen relativ kurzen Abschnitt, der nicht wesentlich über früher Gesagtes hinausführt. Eine entscheidende Vertiefung des Nachdenkens über den Dialog bietet jedoch die Enzyklika von Papst Johannes Paul II. »Ut Unum Sint« (1995), ja man kann die ganze Enzyklika als eine große Mediation über den ökumenischen Dialog lesen.[8] Der Papst nimmt ausdrücklich Bezug auf den personalistischen Ansatz mit seinem dialogischen Verständnis der menschlichen Existenz und unterstreicht, dass der Dialog sich nicht auf die kognitive Dimension beschränken dürfe, sondern die Subjektivität der Partner einbeziehen müsse. Dialog ist daher nicht nur ein Austausch von Gedanken und Ideen, sondern ein Geben und Nehmen im umfassenden Sinn (Nr. 28).

Dieser existentielle Ansatz erlaubt es dem Papst dann, über das übliche, und auch vom Konzil aufgenommene Verständnis von Dialog als Ausdruck der gemeinsamen Suche nach der Wahrheit hinauszugehen und den Dialog einzubinden in eine Selbstprüfung der Gewissen, d. h. das wechselseitige Eingeständnis der persönlichen wie auch der kollektiven und strukturellen Sünden gegen der Einheit. So wird aus dem »Dialog der Gewissen« ein »Dialog der Bekehrung«. Damit wird die ›horizontale‹ Dimension des Dialogs im Zentrum verbunden mit seiner ›vertikalen‹, geistlichen Ausrichtung auf Gott, der in Christus uns den Weg der Versöhnung eröffnet hat. »Die vertikale Dimension des Dialogs liegt in der gemeinsamen und gegenseitigen Anerkennung unseres Zustandes als Menschen, die gesündigt haben. Der Dialog öffnet gerade in den Brüdern und Schwestern, die innerhalb von Gemeinschaften leben, die keine volle Gemeinschaft miteinander haben, jenen inneren Raum, in dem Christus, die Quelle der Einheit der Kirche, mit der ganzen Kraft seines Trostergeistes wirksam wer-

---

[8] Enzyklika »Ut Unum Sint«. Über den Einsatz für die Ökumene. Libreria Editrice Vaticana. Vatikanstadt 1995.

den kann.« (Nr. 35).

Die Enzyklika nimmt daher den Ruf nach einem »geistlichen Ökumenismus« auf, den schon das Ökumenismus-Dekret als die »Seele der ökumenischen Bewegung« (Nr. 8) bezeichnet hatte, d. h. jene Bekehrung der Herzen und Sinne, die alle wirklichen Fortschritte auf die Einheit hin begleiten muss. In dieser Betonung der vertikalen und geistlichen Dimension des Dialogs liegt der besondere Beitrag dieser Enzyklika zur neueren Diskussion über Wesen und Ziel des ökumenischen Dialogs. Die weiteren Ausführungen über Bedingungen und Methoden des Dialogs wiederholen frühere Erläuterungen ohne wesentlich neue Aspekte zu benennen.

Im gleichen Jahr 1995 veröffentlichte die Gemeinsame Arbeitsgruppe zwischen den Römisch-Katholischen Kirche und dem Ökumenischen Rat der Kirchen ein Studiendokument unter dem Titel »Der ökumenische Dialog über ethisch-moralische Fragen«[9]. Das Dokument ist eine Zusammenfassung der Einsichten und Erfahrungen im Dialog über potentiell kirchen-trennende moralische und ethische Probleme, die das Verhältnis der Kirchen immer stärker zu belasten drohen. Es stellt vor allem die Notwendigkeit heraus, die gemeinsame Grundlage zu bekräftigen, die es erlaubt, die Unterschiede ins rechte Licht zu rücken. Besonders hilfreich ist die Beobachtung, dass es in den Kirchen unterschiedliche »Wege der ethisch-moralischen Entscheidungsfindung« gibt, d. h. verschiedene, in sich kohärente Bezugsrahmen von Problemwahrnehmungen und Einstellungen, von Mentalität und ›Ethos‹, die moralische Urteile prägen. Diese Einsicht ist wichtig für alles weitere Nachdenken über die Hermeneutik des Dialogs und unterstreicht die Notwendigkeit, die kontextuellen und geschichtlich-kulturellen Dimensionen ernster zu nehmen, als dies bisher der Fall war.

*III.*

Neuere Äußerungen des römischen Lehramtes, insbesondere die Instruktion der Glaubenskongregation »Dominus Jesus« weckten bei manchen

---

[9] Siehe: Der Ökumenische Dialog über ethisch-moralische Fragen: Potentielle Quelle des Gemeinsamen Zeugnisses oder der Spaltung, in: Ökumenische Rundschau 45.Jg. Heft 3 1996, 355-370.

ökumenischen Partnern der Römisch-Katholischen Kirche Zweifel an der Aufrichtigkeit ihrer Dialogbereitschaft. Sie fragten: »Ist ein wirklicher Dialog möglich mit einer Kirche, die beansprucht, die absolute Wahrheit unfehlbar zu besitzen?« Setzt Dialog nicht die Bereitschaft voraus, einander in Offenheit und auf gleichberechtigter Basis (*par cum pari*) zu begegnen und sich gegebenenfalls als Folge des Dialogs zu verändern? Solche und ähnliche Fragen waren der Auslöser für den Beschluss der Gemeinsamen Arbeitsgruppe, sich nach bald vierzig Jahren dem Thema des ökumenischen Dialogs, seinen Grundlagen und Zielen noch einmal zuzuwenden. Der Bericht der Gemeinsamen Arbeitsgruppe, der bislang nur in einem noch nicht endgültig verabschiedeten Entwurf vorliegt, kann als Zusammenfassung der verschlungenen Reflexionen über den ökumenischen Dialog dienen.[10]

Im Rückblick auf die Erfahrungen seit 1967 stellt das Dokument der Gemeinsamen Arbeitsgruppe fest, dass sich zwischen manchen Kirchen eine »Kultur des Dialogs« entwickelt habe, die alle Bereiche des christlichen Lebens beeinflusse. Gleichzeitig jedoch hat sich ein »neuer Kontext« herausgebildet: so zeigt sich an manchen Stellen eine verstärkte Betonung konfessioneller Identität; viele Kirchen zögern damit, sich auf Veränderungen einzulassen; die Rezeption der Dialogergebnisse hat mancherorts zu neuen Spaltungen innerhalb von Konfessionsfamilien geführt; immer stärker treten ethische und kulturelle Probleme in den Vordergrund, die aber bislang in den Dialogen der Kirchen kaum behandelt wurden; für manche Kirchen, vor allem im Süden, sind die Themen der Lehrgespräche weit entfernt von ihren existentiellen Problemen. All dies hat dazu geführt, dass manche das ganze Unternehmen der theologischen Dialoge in Frage stellen.

Dem freilich steht die Tatsache gegenüber, dass heute, unter den Bedingungen einer globalisierten und sowohl ökonomisch und kulturell, wie gesellschaftlich und politisch gespaltenen Welt, die Bemühungen um Versöhnung unter den Christen und Kirchen noch wichtiger geworden sind. Noch stärker als bislang müssen sich die Kirchen um ein Verständnis ihrer *communio* bemühen, das den bleibenden Unterschieden zwischen Christen und Kirchen in den verschiedenen Weltregionen Raum lässt. »Indem sie zeigen, dass der Dialog tief greifende Gegensätze aufzulösen vermag, kann sich auch die Klärung solcher ekklesiologischen Fragen positiv auf die Su-

---

[10] Entwurfstext November 2003 »The Nature and Purpose of Ecumencial Dialogue«.

che nach Antworten auf die Globalisierung auswirken. Das kontinuierliche Engagement für den Dialog fördert daher nicht nur Versöhnung unter den Christen, sondern ist zugleich ein Ausdruck der Sehnsucht der Menschen, zu einer Familie zu werden« (Para. 6.1). Deshalb muss auch, bei allen Unterschieden, die innere Bezogenheit des ökumenischen und des interreligiösen Dialogs stärker ins Blickfeld treten.»Durch ihre ökumenische Zusammenarbeit im inter-religiösen Dialog können Christen den Beitrag der Weltreligionen zur Förderung von Harmonie und Frieden unterstützen« (Para. 6.3).

Die in dem Dokument gegebene Beschreibung des Dialogs und seiner theologischen Grundlagen, nimmt viele der Einsichten und Erfahrungen auf, die sich in diesen Jahrzehnten herausgeschält haben. Der Dialog wird jetzt nicht mehr in erster Linie als die Suche nach der Wahrheit, sondern im existentiellen Sinn als Gespräch verstanden, in dessen Verlauf die Partner lernen, die Welt mit den Augen der anderen zu sehen. »Das Ziel des Dialogs ist es, dass die Partner einander von innen heraus verstehen. Es geht um eine geistliche Erfahrung wechselseitigen Verständnisses, um das miteinander Hören und Reden in Liebe« (Para. 2.1). Darin gleicht der Dialog einer Pilgerreise, ähnlich dem Gespräch der Jünger auf dem Weg nach Emmaus, das zur Erfüllung kam, als sie den Herrn beim Brotbrechen erkannten. Im Dialog geht es nicht nur um das Mitteilen von Ideen, sondern um ein wirkliches Miteinander-Teilen der geistlichen Gaben jeder der Traditionen. Je mehr der Dialog den ganzen Lebenskontext der Partner einbezieht, desto stärker führt er die Partner wechselseitig in den Reichtum des apostolischen Glaubens ein.

All dies gründet in der Einsicht, dass der Dialog ins Zentrum der göttlichen Selbstoffenbarung gehört. Die trinitarische Gemeinschaft des Vaters mit dem Sohn im Heiligen Geist ist in sich das Urbild der dialogischen Selbstmitteilung, und sie ruft nach der menschlichen Antwort. »Indem Gott sich seinem Volk mitteilt, sind wir eingeladen, sein Wort aufzunehmen und in Liebe zu antworten. So treten wir ein in die Gemeinschaft mit Gott, der selbst die Gemeinschaft von Vater, Sohn und Geist ist. In der Aufnahme dieser dialogischen Wechselbeziehung von Reden und Hören, in der Bereitschaft, uns zu öffnen und den Anderen zu empfangen, lassen wir die Illusion von Selbstgenügsamkeit und Isolierung hinter uns und treten in die Beziehung der *communio* ein« (Para. 2.2).

Die Grundüberzeugung der personalistischen Philosophie, dass menschliches Leben dialogisch ist, dass Menschen in der Begegnung zur

Person werden und so ihre Identität gewinnen, findet ihre theologische Resonanz in dem Bekenntnis zu Jesus Christus, der als der Mensch für andere uns den Weg zum wahren Menschsein eröffnet hat. In ihm findet das dialogische Wesen der menschlichen Person seine Erfüllung. Sein Leben der Selbstentäußerung und der rückhaltlosen Liebe wird damit zum Maßstab auch unserer dialogischen Existenz. Indem wir uns dem Anderen zuwenden »machen wir uns verwundbar: wir geben uns dem Anderen zu erkennen und lassen uns darauf ein, das Leben, Zeugnis und den Gottesdienst von anderen Christen mit ihren Augen zu sehen« (Para. 2.3). Im Dialog geht es deshalb nicht nur um Lehrvereinbarungen, sondern um die Aufarbeitung und Heilung von schmerzhaften Erinnerungen durch Buße und Vergebung.

Was folgt aus alledem für die Praxis und die Kriterien einer »Kultur des Dialogs«? Entscheidend ist zunächst, dass die Partner sich gleichberechtigt begegnen und sich zu wirklicher Gegenseitigkeit verpflichten. Sie müssen die Unterschiedlichkeit der Kontexte respektieren und zur Revision ihrer Bilder voneinander bereit sein. Wirklicher Dialog ist ein gemeinsamer Weg, dessen Verlauf sich nicht im Voraus programmieren lässt, sondern hohe Anforderungen an das (geistliche) Urteilsvermögen stellt. Jeder der Partner hat sein eigenes Verständnis von der Geschichte der Spaltungen. Dazu kommen Asymmetrien und Ungleichzeitigkeiten der Erwartungen und Voraussetzungen, welche die Partner in den Dialog einbringen und die beachtet werden müssen. Das alles fordert eine Bemühung um die »Hermeneutik des Dialogs«, um die Klärung der Bedingungen, die das ›Lesen‹ und Verstehen der eigenen und der fremden Geschichte und Identität leiten. Die Berührung mit den Axiomen und Postulaten der Themenzentrierten Interaktion in kleinen Gruppen ist offenkundig.

*IV.*

Die bisherigen Beobachtungen zur kommunikativen Kultur, bzw. zur Kultur des Dialogs haben sich auf den innerchristlichen, ökumenischen Dialog konzentriert. Er hat seine eigenen Grundlagen und Ziele. Darüber hinaus nötigt seine vorrangige Ausrichtung auf die Überwindung der klassischen, theologischen Lehrkontroversen zu der Frage, wie weit er als Modell für eine allgemeinere Kultur des Dialogs dienen kann. Umso wichtiger sind für die öffentliche Diskussion, wie sie sich z.b. in der erwähnten Studie »Brücken in die Zukunft« niedergeschlagen hat, die Erfahrungen des interreligiösen Dialogs, zumal religiöse Unterschiede und Gegensätze immer häufiger als verschärfende Faktoren in gesellschaftlichen Konflikten auftauchen. Die These von Hans Küng: »Kein Weltfrieden ohne Religionsfrieden!« hat ein breites Echo ausgelöst und hat Erwartungen verstärkt, dass der interreligiöse Dialog entscheidend beitragen könne zur Entschärfung oder Überwindung von gesellschaftlichen und politischen Konflikten. Jedenfalls ist der interreligiöse Dialog zu Beginn des 21. Jahrhunderts zu einem Thema von hohem, öffentlichem Interesse geworden, auch für die Kirchen. Das ist eine erstaunliche Entwicklung wenn man sich die Diskussion während der letzten 40 Jahre, jedenfalls innerhalb der christlichen Kirchen vergegenwärtigt. Die Auswirkungen auf das Selbstverständnis der Kirchen als Dialogpartner in einer religiös pluralen Welt sind noch nicht wirklich abzusehen.

Wie auch im Fall des ökumenischen Dialogs beginnt die bewusste Diskussion mit dem II. Vatikanischen Konzil, bzw. mit der Enzyklika von Papst Paul VI. »Ecclesiam Suam«, die bereits manche der bahnbrechenden Aussagen der Erklärung des Konzils »Nostra Aetate« über das Verhältnis der Kirche zu den nichtchristlichen Religionen vorwegnahm. Die Einrichtung des »Päpstlichen Sekretariats für die Nichtchristen« unterstrich mit Nachdruck die Bereitschaft der Römisch-Katholischen Kirche, sich für den interreligiösen Dialog zu öffnen.

Freilich, der Versuch, Grundlagen und Richtlinien für diesen Dialog zu formulieren und die Beziehungen zwischen Mission und Dialog zu klären, stieß auf unerwartet große Schwierigkeiten und Widerstände. Erst 1984 konnte ein vorläufiges Arbeitsdokument veröffentlicht werden.[11] Die Einladung von Papst Johannes Paul II. zum Friedensgebet mit Vertretern der Weltreligionen in Assisi 1986 stieß auf ein starkes Echo; aber in seiner Enzyklika »Redemptoris Missio« (1990) sah der Papst sich dann genötigt, vor theologischen Gefahren zu warnen, wenn es im Dialog nicht mehr um die unverkürzte Verkündigung des Evangeliums gehe.[12] Und so kam es zu

---

[11] Sekretariat für die Nichtchristen: Die Haltung der Kirche gegenüber den Anhängern anderer Religionen – Überlegungen und Richtlinien zu Dialog und Mission, in: AAS 76 (1984), 816-828.

[12] »Redemptoris Missio«, Enzyklika über die fortdauernde Gültigkeit des missionarischen Auftrages, Dezember 1990. Verlautbarungen des Apostolischen Stuhls Nr. 1000, Nr. 55-57.

dem gemeinsamen Auftrag an den (inzwischen umbenannten) Päpstlichen Rat für den Interreligiösen Dialog und die Kongregation für die Evangelisierung der Völker, einen weiteren Text zur Frage »Dialog und Verkündigung« auszuarbeiten.[13] Wie wenig die innerkirchliche Kontroverse ausgestanden ist zeigt die Diskussion über die Erklärung »Dominus Jesus« aus dem Jahr 2000.

Auch die Diskussion innerhalb des Ökumenischen Rates der Kirchen und seiner Mitgliedskirchen verlief ähnlich widersprüchlich. Sie begann, beflügelt durch den Impuls der Konzilserklärung, bei einer Konsultation in Kandy/Sri Lanka 1967 und 1971 richtete auch der ÖRK eine eigene Abteilung für den »Dialog mit Menschen anderer Religionen und Ideologien« ein. Aber die neuen Perspektiven stießen bei der 5. Vollversammlung in Nairobi (1975) auf scharfe Kritik von Seiten der Verteidiger eines klassischen Missionsverständnisses. Erst 1979 konnte der Zentralauschuss des ÖRK ein Dokument mit »Leitlinien zum Dialog mit Menschen verschiedener Religionen und Ideologien« entgegennehmen und billigen.[14] Dieser Text unter dem Leitmotiv »Dialog in der Gemeinschaft« hat eine große Verbreitung gefunden und hat sich in vielen Kirchen als Ermutigung zum inter-religiösen Dialog bewährt.

Die Verankerung des Dialogs in der Gemeinschaft und seine Ausrichtung auf den Aufbau einer »Gemeinschaft von Gemeinschaften« waren Ausdruck eines praktisch-konkreten Verständnisses von Dialog gegenüber einer mehr intellektuell-akademischen Orientierung. Der interreligiöse Dialog wird hier als ein ›Lebensstil‹ beschrieben, der das biblische Gebot ernst nimmt: Du sollst kein falsch Zeugnis reden wider deinen Nächsten. »Der Dialog hilft uns, das Bild unseres Nächsten, der einer anderen Religion oder Ideologie angehört, nicht zu entstellen. Viele Christen machen die Erfahrung, dass dieser Dialog auf dem Boden gegenseitigen Vertrauens und der Achtung vor der Unantastbarkeit der Identität des anderen tatsächlich möglich ist«[15]. Darüber hinaus wird der Dialog verstanden als Antwort auf das Gebot: Liebe Gott und deinen Nächsten wie dich selbst.

---

[13] Päpstlicher Rat für den Interreligiösen Dialog/Kongregation für die Evangelisierung der Völker: Dialog und Verkündigung. Überlegungen und Orientierungen zum Interreligiösen Dialog und zur Verkündigung des Evangeliums Jesu Christi, Mai 1991, Verlautbarungen des Apostolischen Stuhls 102.
[14] ÖRK, Leitlinien zum Dialog mit Menschen verschiedener Religionen und Ideologien. EZW Arbeitstexte Nr.19, VI/79.
[15] Ebd. § 17.

Das Eintreten von Christen für den interreligiösen Dialog »gibt Zeugnis von der Liebe, die ihnen in Christus zuteil geworden ist.«[16] Und so fügt der Text hinzu: »Aus diesem Grund sehen wir zwischen Dialog und Zeugnis überhaupt keinen Widerspruch. Mehr noch, wenn Christen mit ihrer Bindung an Jesus Christus in den Dialog eintreten, dann wird ihnen die dialogische Beziehung immer wieder Gelegenheit zu glaubwürdigem Zeugnis geben. Darum können wir den Mitgliedskirchen des ÖRK aus ehrlicher Überzeugung heraus den Dialog als eine Möglichkeit empfehlen, Jesus Christus in der Welt heute zu bekennen.«[17]

Im Licht dieser mehr grundsätzlichen Überlegungen verdient eine unter den 13 Leitlinien besondere Beachtung: »Die Dialogpartner sollten die Freiheit haben, ›sich selbst zu definieren‹«. Allzu oft nämlich dient die Beschreibung des Glaubens anderer aus der eigenen Perspektive als Grundlage für Vorurteile und herablassende Klischees. »Ein sinnvoller Dialog entsteht aus der Bereitschaft, einander zuzuhören und voneinander zu lernen.«[18]

Seit der Veröffentlichung der erwähnten kirchlichen Texte hat der interreligiöse Dialog an Dynamik gewonnen und hat sich in verschiedenen Foren institutionalisiert. Dazu gehört vor allem die »Weltkonferenz der Religionen für den Frieden« und, seit der großen Versammlung in Chicago 1993, das »Weltparlament der Religionen«. Die von Hans Küng entworfene und vom Weltparlament 1993 angenommene »Erklärung zum Weltethos« hat dem Dialog eine spezifische Ausrichtung gegeben, indem sie die allen großen Religionen gemeinsamen ethischen Werte und Maßstäbe in Erinnerung ruft, um so einen Grundkonsens über Elemente eines Weltethos herbeizuführen. Der Impuls ist auf ein breites Echo gestoßen, nicht zuletzt in Kreisen von Wirtschaft und Politik. Die Weltkommission für Entwicklung und Politik der UNESCO und das Weltwirtschaftsforum haben die Anregungen aufgegriffen, und Hans Küng selbst hat mit der von ihm gegründeten Stiftung Weltethos den Ansatz weiter ausgearbeitet. Auch das Weltparlament der Religionen hat bei seiner Zusammenkunft in Kapstadt 1999 den durch die Erklärung abgesteckten Rahmen konkret entfaltet.

---

[16] Ebd. § 18.
[17] Ebd. § 19.
[18] Ebd. Teil III Nr. 4.

Seit den Anschlägen vom 11. September 2001 ist das Bewusstsein von der Dringlichkeit des interreligiösen Dialogs deutlich gewachsen und zahlreiche neue Initiativen sind zu den bereits bestehenden Foren hinzugekommen. Dazu gehört auch die neuerliche Einladung des Papstes zum Friedensgebet in Assisi im Jahr 2002. Der Moderator des Zentralausschusses des ÖRK, Catholikos Aram I, hat seinen Bericht im Jahr 2003 programmatisch dem Thema des inter-religiösen Dialogs gewidmet und ihn als Priorität für die ökumenische Bewegung im 21. Jahrhundert bezeichnet.[19] Man kann so mit einem gewissen Recht von einer sich entwickelnden »Kultur des Dialogs« sprechen, in der sich die Erfahrungen aus mehreren Jahrzehnten niederschlagen.

Es ist daher von besonderem Interesse, dass der Ökumenische Rat der Kirchen im Jahr 2002 ein neues Dokument mit »Leitlinien für den Dialog und für die Beziehungen mit Menschen anderer Religionen« veröffentlicht hat.[20] Das von der Beratungsgruppe für interreligiöse Beziehungen und Dialog ausgearbeitete Dokument versteht sich als Weiterführung der früheren Leitlinien von 1979 im Licht der inzwischen gesammelten Erfahrungen sowie im Eingehen auf aktuelle Herausforderungen. Ein kurzer, abschließender Blick auf diesen Text könnte helfen, Grundelemente und Kriterien der sich herausbildenden »Kultur des Dialogs« weiter zu klären.

Der Text beginnt mit einer kurzen Skizze des neuen Kontextes: »Das zunehmende Bewusstsein für die religiöse Pluralität, die Rolle, die die Religion bei Konflikten spielen kann, und ihre zunehmende Bedeutung im öffentlichen Leben stellen dringende Herausforderungen dar, die ein größeres gegenseitiges Verständnis und intensivere Zusammenarbeit unter Menschen verschiedenen Glaubens erfordern.«[21] In die Auseinandersetzung mit der Situation religiöser Pluralität treten Christen und Kirchen als Zeugen für den Glauben an den dreieinigen Gott ein. Sie sind sich der Bedeutung des »gemeinsamen Menschseins vor Gott« ebenso bewusst wie der ›Ambiguität‹ aller religiösen Ausdrucksformen. »Wir sind Zeugen in einer Welt, in der Gott nicht abwesend ist, und vor Menschen, die etwas über Gott zu sagen haben...Im Dialog und in den Beziehungen zu Menschen mit anderem Glauben sind wir zu der Erkenntnis gelangt, dass das

---

[19] WCC Central Committee 2003. Report of the Moderator, in: The Ecumenical Review Vol. 55 Nr. 4, October 2003, 378-91.
[20] ÖRK-Leitlinien für den Dialog und für die Beziehungen mit Menschen anderer Religionen, in: Ökumenische Rundschau 52. Jg. Heft 3, Juli 2003, 345-56.
[21] Ebd. 346.

Geheimnis von Gottes Erlösung sich nicht in unseren theologischen Aussagen erschöpft. Die Erlösung gehört Gott. Wir wagen es daher nicht, andere zu verurteilen. Während wir unseren eigenen Glauben bezeugen, versuchen wir zu verstehen, auf welchen Wegen Gott sein Werk vollenden will.«[22]

Diese Grundhaltung führt dann zu einer Reihe von erfahrungsbezogenen Leitsätzen. Ausgangspunkt ist ein Verständnis von Dialog als »Prozess gegenseitiger Befähigung, nicht eine Verhandlung zwischen Parteien, die gegensätzliche Interessen und Ansprüche vertreten«. Das schließt die Bereitschaft ein, sich kritischen Anfragen zu stellen. »Dialog führt zu einer veränderten Glaubenserfahrung und hilft den Menschen, ihren Glauben zu vertiefen und in ihm auf unerwartete Weise zu wachsen.« Der Dialog ist kein Selbstzweck; er lebt aus der Hoffnung, »dass es möglich ist, eine menschliche Gemeinschaft zu schaffen, die in Gerechtigkeit und Frieden lebt«. Von entscheidender Bedeutung ist, den jeweiligen Kontext der Partner und die »Integrität der religiösen Traditionen in der Vielfalt ihrer Strukturen und Organisationen« zu beachten. Dialog kann nur in einer Haltung gegenseitiger Achtung gedeihen, d. h. dass die Partner die Möglichkeit haben, sich selbst zu definieren, sich gegenseitig Fragen zu stellen, und gemeinsam Themen und Ausrichtung des Dialogs bestimmen.[23]

Unter den abschließenden ›praktischen Überlegungen‹ verdient vor allem die folgende Anmerkung Beachtung: »Oft wird erwartet, dass mithilfe des Dialogs Lösungen für politische Konflikte oder Konflikte zwischen Gemeinschaften, bei denen die Religion anscheinend eine Rolle spielt, gefunden werden. Wenn der Dialog das nicht vermag, wird seine Relevanz für die Friedensstiftung grundsätzlich in Frage gestellt. Dabei ist jedoch zu beachten, dass der interreligiöse Dialog seinem Wesen nach kein Instrument ist, mit dem sich Probleme in akuten Konfliktsituationen lösen lassen. Allerdings können Kontakte und Beziehungen, die auf dem durch geduldigen Dialog in Friedenszeiten aufgebauten wertvollen Vertrauen und der Freundschaft zwischen Menschen verschiedener Religionen beruhen, in Zeiten des Konflikts verhindern, dass die Religion als Waffe benutzt wird.«[24]

---

[22] Ebd. 350.
[23] Für die Zitate s. ebd. 351f.
[24] Ebd. 353.

Was sich in diesen Leitlinien niederschlägt sind Erfahrungen mit einem »Dialog des Lebens« in konkreten, meist lokalen Gemeinschaften. Der Dialog wird hier verstanden als Antwort auf existentielle Herausforderungen an das Zusammenleben von Menschen und Gemeinschaften in einer interdependenten und zugleich pluralen Welt. Die meisten Dialogbemühungen konzentrieren sich vorrangig darauf, Vorurteile abzubauen, Angst vor dem Anderen zu überwinden, Vertrauen zu bilden und die Voraussetzungen für nachbarschaftliche Koexistenz zu schaffen. Die Verständigung über gemeinsame ethische und moralische Werte und Normen kann ein wichtiges Ergebnis, nicht aber Voraussetzung des Dialogs sein. Vielmehr lebt der Dialog von der aktiven Bejahung der Vielfalt. Der Dialog bemüht sich darum, den ›Raum‹ zu schaffen, in dem das Eigene und das Fremde einander in der ›Würde des Unterschieds‹ (J. Sacks) begegnen können. So kann sich wechselseitig ein tieferes und reicheres Verständnis der Welt und der Beziehungen in menschlicher Gemeinschaft erschließen. Zur Kultur des Dialogs gehört beides: Die eigenen Glaubensüberzeugungen, Prägungen und Traditionen aufrichtig zu vertreten, und die Bereitschaft, sich dem Anderen und Fremden zu öffnen, sich in Frage stellen und gegebenenfalls verändern zu lassen. Sie verlangt nicht, die für das eigene Leben bestimmende Wahrheit zu relativieren, wohl aber die Demut, fremde, auch unverstandene Wahrheit zu respektieren. Was Christen und Kirchen zur Vertiefung dieser Kultur beitragen können sind weniger bewährte Erfahrungen und Modelle als vielmehr die spirituelle Einsicht, die den Dialog versteht als Symbol für das Leben in Gemeinschaft, das zugleich Gabe und Berufung ist.

# Akademische Feier anläßlich der Verabschiedung von Prof. Dr. Urs Baumann

ZUR ERÖFFUNUNG

Begrüßungsworte des Prodekans
der Katholisch-Theologischen Fakultät
der Universität Tübingen
Prof. Dr. Michael Theobald

In Vertretung des Dekans, Herrn Kollegen Brachtendorf, der zur Stunde ein von ihm organisiertes Symposion zur Unendlichkeit in Theologie, Philosophie und in der Zahlenwelt der Mathematik begleitet, darf ich Sie als Prodekan heute Abend alle recht herzlich willkommen heißen! Anlass unserer akademischen Zusammenkunft ist keine gegen Unendlichkeit strebende Zahl – jedenfalls vorläufig noch nicht –, ja nicht einmal eine ehrwürdige biblische Zahl, sondern eine vom Gesetzgeber verordnete, nach oben oder unten revidierbare, also mehr oder weniger zufällig gesetzte biedere 65.

Nun wären wir nicht Theologen, wenn wir nicht irgendwo auch in liturgischen Zeiten dächten und fühlten. So hebt die Oktav zum Beispiel, also der achte Tag nach einem begangenen Hochfest beziehungsweise die ganze Woche dazwischen uns nach uralter Tradition über das Alltägliche hinaus. Ich sage dies, weil auch die Hauptperson dieser akademischen Feier, Kollege Urs Baumann, sich soeben in einer solchen Oktav bewegt und folglich auch wir heute Abend mit ihm. Denn am vergangenen Sonntag, dem 26. November, beging er seinen 65. Geburtstag, so dass ich noch die Möglichkeit habe, meinen Willkommensgruß an ihn und seine Gattin mit meinem Glückwunsch zu verbinden: Dir, lieber Urs, spreche ich also nachträglich zu diesem Tag, aber immer noch im liturgischen Rahmen, meine Glück- und Segenswünsche aus, persönlich wie im Namen der Fakultät!

Mit Dir und Deiner Familie begrüße ich Deine angereisten Freunde, vor allem die aus der Schweiz, sowie alle Deine Gäste, die sich von nah und fern eingefunden haben, auch die Sänger und Sängerinnen des Wildermuth-Gymnasiums.

Ich begrüße die Studierenden, die bei Dir gehört und von Dir gelernt haben, Deine Schüler und Schülerinnen, und ich begrüße Deinen Lehrer, unter dessen Leitung Du 1969 in dieser Fakultät promoviert wurdest und 1987 Dich habilitiertest, Herrn Kollegen Hans Küng, besonders herzlich

Ich begrüße die Lehrenden und Lernenden unserer Fakultät und heiße die Gäste aus unserer Schwesterfakultät eigens willkommen. Ich begrüße die Vertreter der Universität, unter ihnen den ehemaligen Kanzler Dr. Sandberger, und ich begrüße die Gäste des bischöflichen Ordinariats Rottenburg.

Und so geht mein Gruß an Sie alle, die Sie sich heute Abend eingefunden haben, um der Abschiedsvorlesung des Kollegen zu lauschen. Mit ihr beendet er eine langjährige Lehrtätigkeit an dieser Fakultät, wird selbst also – das verrät schon ihr Titel »Wegmarken!« – ein kräftiges Ausrufezeichen hinter seine Tätigkeit setzen und gibt mir damit die willkommene Gelegenheit, ihm im festlichen Rahmen den Dank der Fakultät zu überbringen.

Seit 1978, als Urs Baumann nach Beendigung seiner vieljährigen Seelsorgsarbeit in der Diözese Basel Mitglied im Team des Instituts für Ökumenische Forschung unter Hans Küng wurde, übte er zugleich im Auftrag der Fakultät regelmäßig Lehrtätigkeit aus, zunächst durch Seminare im Bereich Dogmatische und Ökumenische Theologie, nach seiner Habilitation 1987 auch durch Vorlesungen, zunächst in seiner Eigenschaft als Privatdozent, dann als Akademischer Oberrat. 1993 wurde er zum außerplanmäßigen Professor für Ökumenische Theologie ernannt. 1988-1991 half er der Fakultät, als er die Vertretung zweier vakanter Lehrstühle übernahm; zuerst den der Religionspädagogik, dann den der Praktischen Theologie. Neben seinen regelmäßigen Vorlesungen und Seminaren wirkte Professor Baumann auch im gesamtuniversitären Rahmen, vor allem auf dem so erfolgreichen Forum des »Studium Generale«.

In seiner Zeit als Assistent, also vor 1969, saß er in stürmischer Zeit als Vertreter des Mittelbaus im Fakultätsrat, wovon er spannend zu erzählen weiß. Überhaupt spiegelt sich in seiner Biographie die zerklüftete Tübinger Geschichte wider, und die Konflikte um die rechte »Katholische Axiomatik« – so ein Schlagwort jener Jahre –, ließen auch ihn nicht unberührt, mit Folgen für seine akademische Laufbahn. Aber wie alles im Leben, so hatte auch dies vielleicht eine bessere Kehrseite, gewiss für die Fakultät, die so über Jahre hinweg Prof. Baumann als große Bereicherung in ihrer Mitte wissen durfte, Bereicherung in persönlicher Hinsicht wie im Blick auf die durch ihn ermöglichte Erweiterung ihres Lehrangebots. Wenn ich deshalb den Dank der Fakultät zu substantiieren suche, dann erlauben Sie mir, zwei Punkte zu benennen, die mir signifikant erscheinen.

Nach seiner Promotion 1969 war Urs Baumann acht Jahre lang in gemeindeleitender Funktion als Pastoralreferent tätig – im Bistum Basel, mit Schwerpunkt Jugendarbeit. Das hat ihn maßgeblich geprägt. Wie ich Urs Baumann erlebte – und ich kenne ihn seit meiner Berufung nach Tübingen 1989 – ist der pastorale Impetus das Integral seiner Vielseitigkeit, das heißt seiner dogmatischen, ökumenischen und religionswissenschaftlichen Kompetenzen, um nur die zu nennen. Ich erinnere mich noch gut an den Studientag der beiden theologischen Fakultäten zur Rechtfertigungsklärung vor einigen Jahren. Da stand Baumann in der Schlussdiskussion auf und erklärte unter Stirnrunzeln so mancher Beteiligter fröhlich, ach, lassen wir doch dieses vertrackte Sprachspiel mit seinen kontroverstheologischen Schlacken auf sich beruhen und übersetzen es in heutige Sprache, damit uns die Menschen überhaupt verstehen! Da kam unverfälscht der Pfarrer Baumann zum Vorschein!

Was ihn in den letzten Jahren besonders umtreibt, ist der von ihm so genannte kleine interreligiöse Dialog, nicht der mit dem Judentum und dem Islam – der auch! –, sondern mit Gruppierungen und Kirchen wie den Mormonen, den Zeugen Jehovas, der Neuapostolischen Kirche und der Bahai-Religion. Da er überall persönliche Bezüge aufbauen konnte, floss dies alles sehr lebendig auch in seine Dialogseminare ein und bereicherte den Lehrbetrieb der Fakultät. Gleiches gilt für seine Gespräche mit islamischen Studierenden, mit denen er nicht auf dogmatischer Ebene kommunizierte, sondern in der gegenseitigen Befragung darüber, »warum glaubst Du, was du glaubst?« Für diese so wichtigen Horizonterweiterungen im theologischen Betrieb sind wir Urs Baumann zu großem Dank verpflichtet – wir – die Studierenden und alle, die an dieser Fakultät lehren.

Begrüßungsansprache durch den Direktor
des Instituts für Ökumenische Forschung
Prof. Dr. Bernd Jochen Hilberath

Lieber Urs,

Du stehst heute im Mittelpunkt. Deshalb haben die ›Drumherum-Redner‹ sich darauf verständigt, sich kurz zu fassen und Wiederholungen möglichst zu vermeiden.

Daran will ich mich halten, obwohl Du es verdient hättest, dass die eine oder andere Deiner Aktivitäten im Dienste der Fakultät und zum Ansehen unseres Instituts für ökumenische Forschung mehrfach hervorgehoben würde.

Nun bin ich ja als Direktor des Instituts in der komfortablen Lage, dass Du angekündigt hast, die Frau- und Mannschaft, den harten Kern des Instituts, einzuladen – im nächsten Jahr, wenn auch Deine Frau Inge, die ich herzlich begrüße und der ich für die Unterstützung kräftig danke, in den Ruhestand eingetreten ist. Da kann ich dann noch die eine oder andere story in Erinnerung rufen, Geschichten aus unserer Vernetzung und von Verstrickungen im Netzwerk, von Deiner Faszination durch jedwede technische, besonders elektronische und digitale Arbeitsinstrumente. Wir haben das ja schon bei Deinem 60. Geburtstag besungen, – jetzt beim 65. geht es erst einmal akademisch zu. So brauche ich auch an dieser Stelle nicht aus dem Instituts-Nähkästchen zu plaudern.

Lieber Urs,

heute ist gewiss ein Tag des Dankes. Wir wollen auch gleich unseren Dank in einer Deiner Person und Deiner Arbeit adäquaten Form ausdrücken.

Ich kann und will jedoch nicht zur Seite drücken, dass dieser Tag Deines Eintritts in den wohlverdienten Ruhestand auch eine bedauerliche Kehrseite hat. Es ist nämlich nicht allein ein Abschied Deiner Person vom aktiven Dienst – Du wirst ja aktiv bleiben, und wir werden Dich gelegentlich gewiss immer wieder mal brauchen, wenn etwas nicht funktioniert;

außerdem hast Du selber Dich ja bereit erklärt, mindestens eine weitere Veranstaltung im Studium Generale für uns zu planen und mit durchzuführen. Das also nicht allein; Dein Abschied, auch wenn ich ihn so differenziert beschreibe, bedeutet automatisch auch den Verlust der Akademischen Oberratsstelle in unserem Institut. Automatisch – muss präziser heißen: im Gefolge des euphemistisch so genannten Solidarpakts, für den wir schon vor Jahren eine Sekretärinnenstelle opfern mussten. Das Institut hat seit heute nur noch 2 Planstellen: eine ½ Sekretärinnen- und eine Assistentinnenstelle. Karl-Josef Kuschel und ich nehmen unsere Aufgaben in Personalunion wahr. Die Bücherkisten, die seit einigen Wochen bei mir, bei uns eintreffen, zeugen von der Produktivität unserer Arbeit. Diese wird auch anhalten. Die Fakultät wird freilich mit dem Institut als einem ihrer Exzellenzmerkmale nur werben können, wenn dieses Institut auch noch besteht. Und es wird zu überlegen sein, ob man eine Stelle für »Theologie der Kultur und des interreligiösen Dialogs« im Ernst aufgeben kann.

Lieber Urs,

seit 10 Jahren bilden wir, Karl-Josef Kuschel, Du und ich, das Triumvirat des Instituts. Die Kooperation ergibt sich aus der Aufgabenverteilung, eine communio hierarchica kennen wir nicht. So bist Du quasi zum ›Geschäftsführer‹ des Instituts geworden. Im Ernst: wem könnten Sie ihr Geld eher anvertrauen als einem Schweizer? Aber nicht allein das und nicht mal entscheidend das – es gibt z.B. Stiftungen mit einem höheren Etat – , Du warst vor allem und in mehrfacher Hinsicht der ›Administrator‹. Und Du warst, günstigerweise auch, freilich keineswegs nur über Deine Gattin, online mit unserem Gründungsdirektor und Deinem langjährigen Chef Hans Küng, den ich als meinen Vorgänger an dieser Stelle ausdrücklich begrüßen möchte. Dieses ›online‹ bedeutete nie, dass wir an der Waldhäuser Nabelschnur hingen oder auch nur an der langen Leine gehalten wurden, wie gelegentlich von Leuten ohne Einblick spekuliert wird. Solche Hilfsmittel brauchen wir nicht, weil wir eine auf wechselseitiger Wertschätzung beruhende Beziehung haben, uns als Menschen und Wissenschaftler und bei allen bereichernden (!) Unterschieden auch als ekklesial-kritische Zeitgenossen respektieren.

Lieber Urs,

Politiker wären möglicherweise verführt, Dich als Faktotum oder Kanalarbeiter zu charakterisieren. Richtig daran wäre, dass Du zwar nicht für alles, aber doch für vieles zuständig warst und manches auch nicht gerne aus den Händen gibst; richtig daran wäre auch, dass Du nie Wert darauf gelegt hast, mit Deiner Leistung selbst ganz groß rauszukommen. Gänzlich falsch wären diese Etiketten aber, würde einer meinen, dadurch Dich getroffen zu haben. Wenn Du nämlich das wärest, wäre es mit Dir nicht so, wie es ist: vor allem bist Du, Urs, nämlich ein treuer Kollege ohne jede Starallüren, bist Du die gelebte Kombination von selbstverständlichem Arbeiten und kollegialer Zuverlässigkeit und Offenheit – das sind die beiden in jedem Fall zutreffenden Prädikate.

Noch persönlicher und treffender möchte ich Dich als Kommunikator und Dialogiker bezeichnen. Man muss nur in den Institutsprospekt schauen, den wir nach unseren ersten 5 Jahren im Institut 2001 herausgegeben haben. Leider konnte der Drucker die aktuelle Version – nach 10 Jahren gemeinsamer Arbeit im Institut – nicht auf heute Abend fertig stellen. Es wäre passend gewesen. Fordern Sie ihn bitte an!! Im früheren wie im aktuellen Prospekt können Sie allein an Hand der Überschriften in der Rubrik »Projekte Prof. Baumann« eine Ahnung davon bekommen, falls Sie es nicht aus eigener Anschauung kennen, wie sehr die Bezeichnung Kommunikator und Dialogiker zutrifft. Da gibt es die Projekte »Dialogpraxis konkret« und »Theologie im Gespräch mit Physik, Biologie, Soziologie und Psychologie«.

Wen wundert es da noch, dass wir die Geburtstagsgabe, unser Abschiedsgeschenk, unter die Überschrift »Theologie im Gespräch. Eine Agenda für die Zukunft« gestellt haben?

Und damit ich nun nicht entgegen der Ankündigung länger als abgesprochen rede, lese ich einfach das Vorwort vor, das ich verfasst und das Karl-Josef Kuschel ›abgesegnet‹ hat:

›Agenda‹ – in unserem Institut für Ökumenische Forschung ein Baumannsches Idiom!

So manche Agenda hatte unser Kollege und Freund Urs Baumann im Verlaufe seines Berufslebens aufzustellen und allein oder im Team abzuarbeiten: als Jugendseelsorger in den spannenden ersten Nachkonzilsjahren, als Doktorand, Habilitand und Assistent von Hans Küng, der unser Institut gründete und über 30 Jahre leitete. Seit zehn Jahren bringt er seine Anliegen auf die Agenda der Dienstbesprechung im Institut, das wir als Direktor und stellvertretender Direktor jeweils in Personalunion mit unseren übrigen Aufgaben zusammen mit Urs, quasi als »Geschäftsführer am Ort«, leiten.

In vielfacher Hinsicht steht Urs Baumann für Kontinuität, was die Interessen und Aufgabenfelder des Instituts angeht. Wollten wir die zahlreichen Aktivitäten mit einem Wort benennen, so hieße dies: Dialog. Im Gespräch sein ist gewiss ein, wenn nicht das Charakteristikum des Instituts für Ökumenische Forschung und der hier entstehenden kommunikativen Theologie. Dabei richtete sich der Blick schon bald über den engeren Bereich der innerchristlichen Ökumene hinaus auf das Feld des interreligiösen und interkulturellen Dialogs. Es war und ist das spezifische Anliegen von Urs Baumann, neben der Arbeit am Schreibtisch, in Vorlesungen und Vorträgen selbst in Gespräche hineinzugehen, diese wissenschaftlich vorzubereiten, zu begleiten und auszuwerten. »Dialogseminare« sind eines seiner Markenzeichen!

Auf Grund seiner pastoralen Erfahrung kann Urs auch den praktisch-theologischen Part ökumenischer Theologie kompetent spielen, so dass er sogar einschlägige Lehrstuhlvertretungen übertragen bekam. Was die Teilnehmerinnen und Teilnehmer an dieser »Theologie im Gespräch« angeht, so ging Urs´ Blick weit über die Theologiestudierenden unserer Fakultät hinweg. An seinen Lehr- oder besser: Lernveranstaltungen nahmen nicht nur Studierende aus der Schwesterfakultät teil, sondern solche aus allen Fakultäten. Unter seiner Leitung kamen vor allem Christen und Muslime ins Gespräch, wie überhaupt sein Einsatz für den islamischen Religionsunterricht eigens hervorgehoben zu werden verdient. Aber nicht nur der Dialog zwischen Konfessionen und Religionen, sondern auch das interdisziplinäre Gespräch vor allem zwischen Theologie und Naturwissenschaften und der Psychologie standen und stehen auf Urs´ Agenda. In den letzten Jahren war auch die Kooperation mit der Sport- und Kulturwissenschaft ein gewichtiger Tagesordnungspunkt. In Seminarräumen wie in vollen Hörsälen des Studium Generale entwickelte unser Institut seine Theologie im Gespräch; die beiden jüngsten von Urs verantworteten Reihen »Gott im Haus der Wissenschaften« und »Was ist Leben?« sollen als Beispiele genannt werden.

Lieber Urs,

Anerkennung und Dank für dieses vielfältige Engagement wollen wir dadurch zum Ausdruck bringen, dass wir wenigstens exemplarisch einige deiner Arbeitsfelder und Gesprächssituationen beleuchten und – ganz in deinem Sinn – nicht nur zurückblicken, sondern »eine Agenda für die Zukunft« aufstellen. Verfasst wurden die Beiträge von deinem Lehrer Hans Küng, von uns als Kollegen in der Institutsleitung, von alten Kollegen und Weggefährten im Institut, von Mitarbeiterinnen und Mitarbeitern aus der jüngeren Phase, von Dialogpartnern außerhalb der Fakultät. Besonders stolz wirst Du auf die Artikel deiner Schülerinnen und Schüler.

Wir danken unserem director emeritus Hans Küng, dem Bistum Basel und der Diözese Rottenburg-Stuttgart, die uns durch namhafte Druckkostenzuschüsse die Realisierung dieses Buchprojekts ermöglichen.

Möge auf deiner Agenda für die Zukunft stehen: Fürsorge um die eigene Gesundheit und das Wohlergehen der Familie, Kraft zum Arbeiten, solange Dir auch die Lust dazu gegeben ist, im Gespräch bleiben mit allen, die sich für eine menschenwürdige Zukunft engagieren.

Tübingen am 26. November 2006, Urs Baumanns 65. Geburtstag

Bernd Jochen Hilberath, Karl-Josef Kuschel

# Wegmarken
## Theologische Herausforderungen einer Zeit der Widersprüche
### Prof. Dr. Urs Baumann

Sehr geehrter, lieber Herr Domkapitular Kopp,
Liebe Studierende,
Verehrte Kollegen aus Theologie- und Geisteswissenschaften, Naturwissenschaften und Medizin,
Liebe aktive und ehemalige Mitarbeiterinnen und Mitarbeiter und Freunde des Instituts für Ökumenische Forschung,
Liebe Familie,
Liebe Freunde, die Ihr zu diesem für mich so wichtigen Anlaß von überallher nach Tübingen gekommen seid,
Liebe akademische Schülerinnen und Schüler,
Liebe Schüler und Schülerinnen des Wildermuth-Gymnasiums,
Meine Damen und Herren.

Wie steht es denn jetzt eigentlich um das Christentum: gut oder schlecht?
Wie steht es denn jetzt eigentlich um die Kirchen: gut oder schlecht?
Wie steht es denn jetzt eigentlich um die Theologie: gut oder schlecht?
Wie steht es denn jetzt eigentlich um die Ökumene: gut oder schlecht?

Vier Fragen unter vielen, in denen sich die Ratlosigkeit, der Zwiespalt, die Krise der Selbstwahrnehmung sehr vieler Christinnen und Christen heute spiegelt. So ist es denn nur verständlich, daß die einen den anderen vorwerfen, auf dem Negativen herumzureiten, und die anderen ihnen wiederum, die Zeichen der Zeit zu ignorieren. Beides stimmt in der Tat und ist gleichzeitig falsch!

    Diese Dialektik der christlichen Selbstwahrnehmung ist seit Jahren zur Herausforderung an meine eigene Theologie geworden. Es geht ja vor allen Dingen darum, erst einmal zu verstehen, was eigentlich mit uns los ist in dieser Welt und Zeit, die den Rahmen und Horizont unserer Daseins- und Wirklichkeitsverständnisse bestimmt und am allermeisten – dies ist mein Thema heute: die Weise, wie Menschen jetzt Transzendenz erfahren beziehungsweise wie sie mit Erfahrungen eines noch einmal

»Ganz-Anderen« jenseits menschlichen Lebens, Wissens und Denkens umgehen. Theodor Adorno hatte gewiß keine theologische Prämisse aufstellen wollen, als er 1951 nachdenklich niederschrieb:

»Man wird dem neuen Menschen nicht gerecht ohne das Bewußtsein davon, was ihm unablässig, bis in die geheimsten Innervationen hinein, von den Dingen der Umwelt widerfährt.«[25]

Ich möchte mich heute Abend exemplarisch auf drei theologische Baustellen begeben:
– die veränderte erkenntnistheoretische Basis von Religion und Religiosität,
– die Frage, was Menschen heute eigentlich vom Christentum erwarten,
– die Notwendigkeit des Paradigmenwechsels zu einem nach innen und außen ›ökumenisch verantworteten Christentum‹.

Kommen wir zur ersten:

## 1. Von Landschaften und Landkarten

»Die Landkarte ist nicht die Landschaft«, gibt Paul Watzlawick zu denken.[26] Das heißt: Die Welt, die wir alltäglich, wissenschaftlich-empirisch oder religiös-spirituell wahrnehmen, ist die Welt in unseren Köpfen. Unsere Sinne vermitteln uns tatsächlich nur ein rudimentäres Bild von der Wirklichkeit. Die Welt, die wir wahrnehmen, ist *»Menschenwelt«*, nicht *die* »objektive Wirklichkeit«, sondern unsere typisch menschliche Repräsentation von Welt. Wir denken, urteilen und handeln stets nach der Landkarte, der Welt in unseren Köpfen. Mit anderen Worten: Ob wir als Alltagsmenschen, als Theologen, Geistes- oder Naturwissenschaftler mit Welt umgehen, wir sind immer schon als ihre *Interpreten* unterwegs. Wir selbst mit unserem Selbstbewußtsein, unseren Selbstinszenierungen, den verschiedenen Rollen und Personen, die wir in unserer Brust wohnen lassen, mit den Lebensgeschichten, die wir uns einhandeln oder ausdenken, wir selbst sind das Ergebnis unserer *Selbstinterpretation*. Die Fragen, die wir stellen, sie sind *unsere* Fragen, die Antworten, die wir finden, sind Antworten, die sich auf

---

[25] T. W. Adorno, Minima Moralia (Frankfurt/M. 1952) 59.
[26] Vgl. P. Watzlawik, Wie wirklich ist die Wirklichkeit? (München 1982).

*unsere* Landkarten der Wirklichkeit beziehen.

Wir reisen um die Welt; die Menschheit macht ihre ersten Hupfer im Weltall – wir werden weltläufig! Und weiß Gott, so ein paar tausend Quadratkilometer kommen da in einem Menschenleben schon zusammen, die wir erwandert, durchschritten, er-fahren haben. Doch welche Hochstapelei, zu behaupten, der Weltreisende hätte ›die Welt‹ gesehen oder die Astronomin im Observatorium auf der Morgenstelle ›das Universum‹. Aber es ist eben eine Eigenart des Menschen, aus ein Bißchen Wissen eine Welt oder wenigstens ein Weltbild zu erschaffen. Das ist freilich unser gutes Recht. Denn:

– Wir leben als Menschen nicht einsam und beziehungslos in einem leeren, anonymen Weltall. Sondern in einer Art Zwischenraum einer einzigartigen *menschlichen Wirklichkeit*, die durch Bewußtsein, zwischenmenschliche Beziehungen, Geschichte und Freiheit bestimmt wird. Wir leben sozusagen auf einer Art *Menscheninsel*, die unsere Erfahrung der kosmischen und alltäglichen Wirklichkeit durch und durch prägt und ausmacht.
– Diese Insel des Menschlichen ist, auf den Menschen bezogen, eine *geistige Dimension* im Universum wie Raum und Zeit, Materie und Energie.
– Mitten im Kosmos gibt es so etwas wie *einen Bereich, der geschaffen und gestaltet wird durch Bewußtsein und Geschichte* und sich immer mehr verdichtet zu einem Kosmos von Bewußtsein, Personalität, Liebe und ›Humanität‹.

Damit wird die Zeit und der Wirklichkeitsraum des Menschen (ohne hier anthropisch zu denken) zum Ausgangspunkt einer neuen (geistigen) Dimension, nämlich einer *Sinndimension im kalten Universum*. Hier kommt für mich ein zentraler Einsatzpunkt zeitgemäßen theologischen Nachdenkens über die physikalische, soziale und religiöse Wirklichkeit zu Gesicht. Einsatzpunkt ist nicht direkt und unmittelbar ›der Kosmos‹ als solcher, sondern die in Bewußtsein, Personalität, Beziehung und Geschichte sich entwickelnde *Menschenwelt* (gr. die ›oikuméne‹!). Von diesem geistigen Raum am Rande unserer Galaxis brechen wir auf zur geistigen, gedanklichen, mathematischen und auch religiösen Durchdringung des Kosmos ›da draußen‹. Von hier aus geschieht in der Tat eine *Personalisierung der Wirklichkeit* beziehungsweise der Wirklichkeitserfahrung, die im Horizont des Kosmos ebenso neu wie legitim ist.

Religiöses Denken ist für mich also zunächst etwas, was ursprünglich mit ›Menschenwelt‹ zu tun hat und sie auf jeden Fall nie aus dem Blick verlieren darf, wenn es bei seiner Sache bleiben will. Aus diesem Raum menschlichen Daseins stoßen wir immer weiter vor, um die Geheimnisse, *das Geheimnis der Welt* zu verstehen. Dabei überschreiten, transzendieren wir zwangsläufig die Grenzen unserer ›Menschenwelt‹. Jenseits der Schwelle des Bewußtseinsraumes, der unser Menschsein ausmacht – und begrenzt –, hört alles Denken auf, so wie jenseits der Grenze der Zeit, am Anfang und am Ende des Universums alle Zeit aufhört. Wir stoßen an eine absolute Grenze, jenseits derer jede reale Vorstellbarkeit und Berechenbarkeit endet.

– *Nur mit Hilfe unserer mentalen Erkenntnismodelle haben wir also Zugang zur Wirklichkeit selbst.* Ob wir uns dabei der ›Landkarte‹ der Mathematik, der Kunst, der Mystik oder der Religion bedienen, immer bewegen wir uns in Symbolwelten, die uns zwar eine Vorstellung des Wirklichen vermitteln, aber nie die Wirklichkeit selbst sind.

– *Der Existenzraum des Menschen bildet mithin den Horizont und die Grenze auch menschlicher Gotteserfahrung und der theologischen Frage nach Existenz, Sein und Wesen Gottes.*

Über Gott und die Welt jenseits des Horizonts unserer Menscheninsel läßt sich tapfer spekulieren. Möglich ist, daß unsere Insel dadurch weiter und weiter wächst, möglich auch, daß Gott jenseits unserer erkennenden Erfahrung existiert, doch diese Möglichkeit bleibt stets im Zustand einer offenen Frage. Wichtiger allerdings erscheint es mir, daß Gott als Wirklichkeit vorkommt und gegenwärtig wird als *Erfahrung in dieser Menschenwelt*.

Aber ist er das heute auch? Ist Gott als Wirklichkeit in unserer Gegenwartswelt wirklich noch da? Ist er in dieser Welt überhaupt erfahrbar? Es sind Fragen die in der einen oder anderen Art jeden nachdenklichen Menschen treffen, wenn er sich – freiwillig oder durch die Lebensumstände gezwungen – mit dem Sinn seines Daseins beschäftigt. Doch jetzt zur zweiten Baustelle:

## 2. *Was erwarten Menschen heute vom Christentum?*

Nein, ich möchte an diesem feierlichen Abend nicht von der sattsam bekannten Krise der Kirchen sprechen, nicht von ihren ja oft auch selbst gemachten ›Sorgen‹, nicht von ihrem hoch dramatischen Verlust an Autorität und Glaubwürdigkeit bei ihren eigenen Kirchengliedern. Die Kirchen sind ja so wichtig nicht, wie sich selber gerne nehmen. Es geht freilich um die Botschaft, in deren Dienst sie nach göttlichem Auftrag stehen. Deshalb spreche ich hier über die *religiösen Erwartungen* der Menschen, über das, worauf sie allenfalls auch heute noch bereit wären, sich einzulassen.

Wir leben – man muß das immer wieder sagen – nicht in einer religionslosen Zeit: bei weitem nicht! Nur weil viele Christinnen und Christen im sogenannten ›christlichen Abendland‹ zu den Kirchen Distanz halten, sind sie nicht religionslos geworden. Vielmehr so der jüngst festgestellte Befund von Hans-Joachim Höhn[27] – die Religion kehrt sogar zurück. Es ist gesellschaftlich nicht mehr ›in‹, sich jovial als religionslos oder atheistisch zu ›outen‹, um modern und aufgeklärt zu wirken. Es ist gerade im akademischen Milieu schick geworden, sich zumindest mit einigen geistes-, kulturwissenschaftlichen oder religionskundlichen Federn zu schmücken – und dabei ein nachdenkliches Gesicht zu machen. Freilich – so der Befund – kehre die Religion nicht an ihren angestammten Platz zurück. Sie übernehme auch nicht mehr ihre alten Funktionen in der Gesellschaft. In einem gewissen Sinne funktionslos geworden, tauge die Religion nicht mehr zum politischen Mehrheitsbeschaffer, nicht mehr zum Moralstifter oder als Kitt der Gesellschaft. Der sogenannte ›moderne Mensch‹ verhalte sich vielmehr zur Religion wie ein selbstbewußter Patient, der seinem Arzt Vorschläge zur Therapie macht, weil er weiß (oder zumindest zu wissen glaubt), was ihm guttut.

»Man möchte« ...

referiert die Zeitschrift Christ in der Gegenwart –

... »eine Anleitung, um durch Religion, durch Ritus und Meditation an jene inneren Ressourcen von Kreativität und Energie heranzukommen, ›ohne die im harten Wettbewerb um soziale Anerkennung, Karriere und privates Glück kaum etwas zu erreichen ist‹«.[28]

Die Kirchen erheben angesichts solcher religiöser Korrosionserscheinungen am liebsten ihre mahnende Stimme gegen den Mangel an Respekt ge-

---

[27] Hier zitiert nach dem Bericht: Jenseits von Mode und Moral. Kehrt die Religion wieder? Beobachtungen innerhalb und außerhalb der Kirche, in: Christ in der Gegenwart Nr. 46 (2006) 379-380.
[28] Ebd., 379.

genüber ihren Glaubensvorgaben und beklagen die Defizite an religiösem Grundwissen – die selbst 13 Jahre Religionsunterricht offenbar nicht zu beheben vermochten. Das Christentum hat, ob uns das behagt oder nicht, in dieser Gesellschaft sein religiöses Welterklärungsmonopol verloren. Schwerwiegender freilich als dieser Verlust – meine ich – wiegt das Problem der um sich greifenden *religiösen Inkompetenz bei gleichzeitiger Sehnsucht nach den verborgenen Quellen von Kreativität und Energie.* Diese Quellen vermutet man merkwürdigerweise trotz allem bei den Religionen.

Es gibt heute so etwas wie eine *religiöse Sprachlosigkeit.* Sie besteht darin, daß sehr viele Menschen hierzulande es schlicht nicht vermögen, Erfahrungen, die sie in der Tiefe ihrer Seele aufwühlen und die sie existentiell erschüttern, zur Sprache zu bringen, geschweige denn sie als Symbole der Transzendenz oder des Göttlichen zu deuten. Was verloren geht ist, ist der bisher hilfreiche Schatz an religiösen Symbolen und Metaphern. Sie ermöglichten früher christlich sozialisierten Kindern, Frauen und Männern, Freude und Leid, Glück und Unglück in der Gemeinschaft zur Sprache zu bringen und ihrer Freude und ihrem Schmerz in einem religiösen Ritus tieferen Ausdruck zu verleihen.

Der religiöse Kompetenzverlust könnte sich dann zu einer gesellschaftlichen Tragödie entwickeln, wenn zuträfe, was der Medien- und Organisationspsychologe Peter Winterhoff-Spurk in seinem Buch *»Kalte Herzen«*[29] diagnostiziert. Er erinnert mit dem Titel seines Buches bewußt an Wilhelm Hauffs Märchen »Das kalte Herz«. Peter Munk, der Held der Geschichte verkauft, unzufrieden mit seinem armseligen Leben als Schwarzwaldköhler, sein Herz an einen Waldgeist, der ihm Reichtum, Erfolg und Ansehen dafür verspricht. Und in der Tat, alles trifft ein, er macht eine glanzvolle Karriere. Aber für sein warmes und lebendiges Herz hat er sich ein steinernes eingetauscht. Peter Munk hat Glück; der Deal läßt sich rückgängig machen. Seine Geschichte wird für Winterhoff-Spurk zur erschreckenden Metapher für den *Sozialcharakter,* den die postindustrielle Dienstleistungsgesellschaft hervorbringt – allerdings vorerst ohne Happy End: Menschen stellt er fest, seien gezwungen, nicht nur wie früher, ihre Arbeitskraft zu verkaufen, um ihren Lebensunterhalt zu sichern, sondern sie sähen sich genötigt, »ihre Gefühle als essentiellen Teil beruflicher Tätigkeiten« mit zu verschachern, sozusagen ›Gefühlsarbeit‹ zu leisten. Dabei sei es durchaus

---

[29] P. Winterhoff-Spurk, Kalte Herzen. Wie das Fernsehen unseren Charakter formt (Stuttgart ²2005).

nicht nötig, die geforderten Gefühle tatsächlich zu empfinden.

»Entscheidend ist, daß der Arbeitnehmer seine Gefühle glaubwürdig darstellen kann. Der zur postindustriellen Dienstleistungsgesellschaft passende Sozialcharakter ist einer, der seine Gefühle gut verkaufen kann: ein Schauspieler.«[30]

In Bewerbungsseminaren und Managerseminaren wird gepaukt, wie man sich selbst vorteilhaft präsentiert und in Szene setzt. *Selbstdarstellung* – mit oder ohne Power-Point – ist so wichtig wie Sachkompetenz, die Verpackung so wichtig wie der Inhalt. Die Dienstleistungsgesellschaft will den ganzen Menschen mit Haut und Haaren. Diesem Erwartungsdruck können Menschen nur entkommen, wenn sie nach außen totale Verfügbarkeit *vorspielen* und ihre wahren Motivationen für sich behalten. Wie aber sollen Beziehungen gelingen, wenn man nie weiß, ob die Gefühle, die der oder die andere mir entgegenbringt ›echt‹ sind?

Es liegt auf der Hand, daß eine Kirche ins Leere laufen muß, die von Menschen in dieser Lage dasselbe verlangt wie die Ökonomie, nämlich, daß man ihr bedingungslose Liebe, Treue und Gefolgschaft entgegenbringt. Der Kirche gegenüber braucht man dieses Theater nicht mitzuspielen. Ich werte es als ein Indiz für diese Form der Verweigerung, daß kirchliche Dokumente, theologische Bücher, aber auch das ganze Gebäude von Lehre und Dogma dem sogenannten Durchschnittschristen offenbar herzlich gleichgültig sind.

– So scheinen die Erträge der theologischen Forschung weder in den Chefetagen der Kirchen noch an der Basis gefragt.

– Das Ergebnis ist eine signifikante *Wirkungslosigkeit* der Theologie nicht nur in den Kirchen, sondern auch nach außen an den Universitäten.

Man beginnt diese Entwicklung zu verstehen, wenn man begreift, wie anders *die religiöse Lage* durch den eben umrissenen Wandel der Lebensbedingungen geworden ist. Nicht Angst vor Verdammnis und Hölle, nicht die Vorstellung, sich irgendeinen Himmel ›verdienen‹ zu müssen treibt die Gesellschaft um. Ihre Frage angesichts einer ganz und gar unbarmherzigen Welt, einer gnadenlosen Ökonomie, einer scheinbar unaufhaltsam in die ökologische Katastrophe schlitternden Erde ist nicht mehr die: Wie kriege

---

[30] P. Winterhoff-Spurk, Designte Vorbilder, in: bild der wissenschaft Nr. 2 (2005) 84-87, hier: 84.

ich einen gnädigen Gott?, sondern viel eher die Frage, wie kriege ich ein gnädiges Leben, Zukunft für meine Kinder, Arbeit, eine ausreichende Rente, wer erlöst mich vor dem Abgrund eines Lebens ins sinnloser Hektik? Wird die *Gottesfrage* angesichts dieser Wahrheit der Welt nicht zu einer Farce? Gesetzt der Fall, er gäbe ihn, wie könnte man den Schöpfergott für diese so wenig freundliche Welt entschuldigen? Harte Fragen, gewiß, denen gerade Theologen nicht ausweichen dürfen und können. Aber es ist nun einmal so, wie es ist:
– Der *Glaube an Gott* und noch mehr an die uns von ihm vermittelten Bilder ist wirklich angefochten.
– Die *Sprachkrise des Christentums*, der Zerfall der religiösen Sprache ist eine Tatsache.

In diesem Sinne ist – Dietrich Bonhoeffer stellte diese Diagnose bereits 1944 – unsere über tausendjährige christlich geprägte Kultur in der Tat fortschreitend ›religionslos‹ geworden, weil sie immer weniger versteht und verstehen kann, »wer Christus heute für uns eigentlich ist«[31]. Die traditionelle religiöse Sprachgemeinschaft biblisch-kirchlich geprägter christlicher Worte, Metaphern und Symbole löst sich auf. Die Sprache der kirchlichen Lehre, der Dogmen, der Liturgie, der Verkündigung ist in hohem Maße *inhaltsleer* geworden, eine Fremdsprache aus vielleicht noch bekannten, aber inhaltlich doch weithin funktionslos gewordenen Worten: Bekenntnissätze, Dogmen wie Sprachfetzen eines dadaistischen Gedichts.

Was folgt daraus? Ich bin der letzte, der hier Defätismus und Katzenjammer verbreiten will. Es geht mir zunächst einfach darum: Theologie ist kein intellektuelles Glasperlenspiel, niemals Kunst um der Kunst willen, sondern für den der Theologie treibt – Profi oder Amateur gleichviel – *Ernstfall des eigenen Glaubens*. Was antworte *ich*, wenn man mich fragt, *warum ich Christ oder Christin bin*? Nein, Theologie kann in unseren verwirrten Zeiten, weiß Gott, nicht mehr ›as usual‹ betrieben werden. Lassen Sie es mich hier ungeschützt und ein Wenig plakativ sagen:
– Theologie – und das gilt selbstverständlich für meine eigene wie für die kirchliche Dogmatik – ist *keine Disziplin der Archäologie!*

---

[31] D. Bonhoeffer, Widerstand und Ergebung. Briefe und Aufzeichnungen aus der Haft, hg. v. E. Bethge (München 1962) 178-180 (geschrieben am 30.4.1944).

Theologie hat nach dem Auftrag des ersten Petrusbriefes eine klar und einfach umschriebene Aufgabe:

»Habt keine Angst vor den Menschen; laßt euch nicht erschrecken! Christus allein ist der Kyrios; haltet *ihn* heilig in eueren Herzen und weicht vor niemandem zurück! Seit immer bereit, wenn jemand fragt, *warum ihr so voller Hoffnung seid*. Antwortet taktvoll und bescheiden und mit gebotenem Respekt.« (1 Pt 3,14–16)

Was Theologie und Kirche dringend brauchen ist eine *Umkehrung der Blickrichtung religiöser und theologischer Sprache*. Die Aufgabe der Theologen erschöpft sich nicht darin, kirchliche Lehre in für sogenannte Laien verdaubare Häppchen zu ›elementarisieren‹. Es genügt nicht – wenn es denn jemals genügte – traditionelle theologische Begriffe und Dogmen in Alltagssprache zu ›übersetzen‹. Es geht um mehr, als dem Volk – wie Luther riet – aufs Maul zu schauen, damit es endlich begreift, was in unseren Bibliotheken an geistigen Schätzen achtlos verstaubt. Nein, es geht mit höchster Dringlichkeit und ganz entschieden darum, die Bilder und Ahnungen des Transzendenten bei den Menschen selbst (wieder) aufzufinden und *sie* erst einmal *ipsissima voce* zur Sprache kommen zu lassen.
– Aufgabe christlicher Theologie ist es mit anderen Worten also: der individuellen und heute zunehmend individualisierten Religiosität einen christlichen *Deutungsrahmen* zu geben, in dem sie sich selbst bewähren, in der Begegnung mit Jesus und seiner Gotteserfahrung zu sich selber kommen und kritisch reflektiert werden kann.
– Die Geschichten, Chiffren, Metaphern und Symbole zeitgenössischer Transzendenzerfahrung sind das Material, aus dem heute theologische Sprache neu gewonnen werden muß.

Was Menschen heute fehlt und was sie oft schmerzlich vermissen, ist nicht eine neue Dogmatik, sondern eine *Erfahrung der göttlichen Dimension*. Die Trauer und die Empörung über die Unerfahrbarkeit Gottes in der Gegenwartswelt ist meines Erachtens der tiefere Grund für die unübersehbare *Krise des personalen Gottesbildes*, das Scheitern an der Theodizeefrage, den Verlust einer Hoffnung, die über das Ende des eigenen Lebens hinausträgt. Der Ärger und die heimliche Verachtung gegenüber den Kirchen hat freilich nicht zuletzt auch mit dogmatisch vorgefertigten, am Leben vorbeizielenden Antworten zu tun, in denen sich Christenmenschen nicht wirklich ernstgenommen finden.

Die Theologie der Zukunft wird eine Theologie der *offenen Fragen* sein müssen, die sich ernsthaft und ehrlich mit ihren eigenen Mißverständnissen, Defiziten und theologischen Problemzonen auseinandersetzt, eine Theologie, die sich nicht hinter komplizierten intellektuellen Sprechblasen versteckt, sondern zur Sache kommt; um es mit Karl Barth zu sagen: eine Theologie die nicht Allotria treibt, sondern sich ganz und gar um ihr ›Kerngeschäft‹ kümmert – die Frage nämlich, ob eine Welt wie die unsere, allen Ernstes einen Schöpfer haben kann, auf den sie sich ehrlich und vertrauensvoll verlassen kann. – Und damit sind wir bei der dritten Baustelle:

## 3. Die Botschaft des Christentums kann heute nur noch ökumenisch verantwortet werden

Gut gebrüllt, Löwe, werden Sie sagen, dann laß mal sehen, wie das gehen soll. Also will ich denn meinen Ton mäßigen und zu meinem Leisten, der Ökumenischen Theologie zurückzukehren. Genauer besehen: Die Erwartungen der Menschen an das Christentum sind im Grunde eher bescheiden, aber konkret. Was für sie mehr als alles andere zählt, ist der praktische Lebenswert der Religion. Dieser Lebenswert hat in unserer weitgehend entkonfessionalisierten Zivilgesellschaft fast zwangsläufig einen ökumenischen Kontext. Wenn nicht direkt im eigenen Familienverband, dann im Freundes- und Bekanntenkreis wird Religion noch am ehesten in einem interkonfessionellen, wenn nicht sogar interreligiösen Umfeld , wie man sagt, ›praktiziert‹. Religion wird vor allem als ein *Angebot* wahrgenommen, um wichtige Lebenssituationen mit einem Ausrufezeichen zu versehen und – wenn es denn angebracht scheint – die Hoffnung auf »wahres heiles Leben« im Göttlichen zu begründen. Zumindest ist dies der Sinn, den viele aktive Christen heute mit gottesdienstlichen Feiern verbinden.
– Im Blick darauf ist *Ökumene als Suchbewegung nach einer neuen christlichen Praxis gemeinschaftverbindender »Kontingenzbewältigung«* für die Kirchen überlebenswichtig.

Mag der/die einzelne es privat mit der Konfession oder Religion halten wie er/sie will, in die Kirche der eigenen Konfession gehen oder nicht, im Familien und Freundeskreis gelten andere Regeln. Dort will man sich nicht trennen lassen und man trennt sich auch nicht mehr.

Eine *Rekonfessionalisierung* der Kirche, wie sie heute manchen Amtsträgern vorschwebt, die sich von einer Schärfung des konfessionellen Profils wieder mehr Zulauf zu ihren Kirchen erwarten, ist deshalb allein schon, wenn man die ›Marktsituation‹ der Kirchen betrachtet, ein höchst problematisches Unterfangen. Besteht doch die Krise des Christentums auf dem Markt der religiösen Möglichkeiten zum einen gerade darin, daß es zumal den großen Kirchen nicht (mehr) gelingt, ihre Botschaft überzeugend genug zur Geltung zu bringen. Während zum anderen die praktischen Lebensverhältnisse in Familie, Freundeskreis und Beruf, da wo sie sich mit religiösen Traditionen berühren, fast selbstverständlich ökumenisch, wenn nicht gar transkonfessionell geprägt sind. Trauungen, Taufen, Erstkommunion und Konfirmation werden ›en famille‹ ökumenisch einträchtig gemeinsam gefeiert. Längst zur stillschweigenden Praxis geworden ist ebenso die gegenseitige *Gastfreundschaft* bei der Feier der Eucharistie beziehungsweise beim Abendmahl, wenn dies die ökumenische Lebenssituation nahelegt.
– Die gegenseitige Einladung zur Eucharistie ist von daher viel mehr als eine freundliche Geste; sie ist in unseren Verhältnissen zu einer angemessenen und sinnvollen Form christlicher Religionsausübung geworden.

Hier zeigt sich eine unüberhörbare *Dissonanz* zwischen dem lehrhaften Selbstverständnis der Konfessionskirchen und der Art und Weise, wie ihre Glieder Kirche wahrnehmen und nutzen. Zwar trifft es zu: Ökumene läßt sich nicht auf die Frage des gemeinsamen Herrenmahles reduzieren. Keine Frage auch, daß nach wie vor nicht alle Konflikte in Lehre und Praxis zwischen den Kirchen ausgeräumt sind, und daß der Wille zur ökumenischen Kirchengemeinschaft gerade in den höheren Etagen der Kirchen nicht übermäßig ausgeprägt ist. Die meisten Gläubigen halten die Zeit für diese Form der Einheit trotzdem für gekommen. Das ist merkwürdig in einer Zeit, da die Gottesdienstbesucherzahlen immer noch rückläufig sind. Tatsächlich aber ist für die meisten die *eucharistische Gastfreundschaft* gewissermaßen das Zeichen der Unterscheidung, ob es den Kirchen mit der ökumenischen Gemeinschaft überhaupt ernst ist oder nicht. Diese Einsicht war letztlich der Grund für die vom Centre d'Étude Œcumenique (Strasbourg), vom Institut für Ökumenische Forschung (Tübingen) und dem Konfessionskundlichen Institut (Bensheim) erarbeiteten und mittlerweile in vielen

Sprachen verbreiteten »Thesen zur eucharistischen Gastfreundschaft«[32].

Wir müssen uns freilich vor Augen halten: Die Verpflichtung der Theologie zur Ökumene reicht weit über den binnenkirchlichen Horizont hinaus. Seit den Anfängen in den frühen sechziger Jahren des letzten Jahrhunderts gehört es deshalb zum Selbstverständnis des Instituts für Ökumenische Forschung:

– Christliche Ökumene hat die ganze Welt zum Ziel.

Diese *Weltökumene* war schon das Ziel Wilhelm Vissert'Hofts, des ersten Generalsekretärs des Ökumenischen Rates der Kirchen. Der Grafiker Konrad Boch hat Ziel und Zweck des Instituts für Ökumenische Forschung mit dem von ihm entworfenen Logo einprägsam ins Bild gesetzt. Sie finden es auch als Aufdruck auf Ihrer Einladung und auf den Plakaten dieser Feier. Es verbindet mit einem Kreuzbalken die drei großen kirchlichen Traditionen des Christentums, verweist aber in einer dynamischen, die christlichen Grenzen sprengenden Bewegung über die Kirchenmauern hinaus, auf eine ökumenische Theologie, die zugleich *»nach innen«* auf das Christentum und *»nach außen«* auf die Gesellschaft, andere Religionen, Wissenschaften, Künste und Kulturen gerichtet ist.

Ich hatte schon angedeutet, was im Grunde jeder Theologe weiß: Die Kirche ist nicht um ihrer selbst willen da, Kirche ist nicht Selbstzweck, keine komfortable Gnadeninsel für fromme Wellnesskunden. Ich setze jetzt hinzu: Nach dem ursprünglichen Selbstverständnis ist auch Jesus Christus, ist auch die Bibel nicht Eigentum irgend einer Kirche oder der Kirchen. Sie gehören ihnen nicht!

– Christus und die Bibel sind, wie man heute sagen würde: Erbe der *Menschheit.*

– Es geht darum, daß die Gute Nachricht in die Welt kommt, nicht darum, daß man unbedingt einer institutionalisierten Kirche beitreten muß, die sich dann womöglich noch als die einzig wahre betrachtet.

– Die Botschaft soll gehört werden können, mit christlichen Ohren, ja gewiß, aber auch mit muslimischen, mit buddhistischen, mit jüdischen, hinduistischen und, was weiß ich, mit sonst noch was für Ohren.

---

[32] Abendmahlsgemeinschaft ist möglich. Thesen zur eucharistischen Gastfreundschaft, Frankfurt/M. 2003.

Nein, es geht im Dialog mit anderen Religionen um etwas völlig anderes als um ein pazifistisches Kuddelmuddel, und es geht im umgekehrten Fall ganz und gar nicht darum, die anderen mit Argumenten über den Tisch zu ziehen. Es geht um den *Frieden unter den Religionen*, einen Frieden, der auf gegenseitigem Verstehen und gegenseitiger Wertschätzung ruht, einer Wertschätzung, die gleichzeitig keineswegs verdrängt, daß die Heilswege, die religiösen Landkarten, verschieden sind und unterschiedlich bleiben werden. Es geht darum, daß Menschen, die verschiedenen Religionen und Kulturen angehören miteinander in Freundschaft leben können, daß sie fähig sind, auf der Basis ihrer gemeinsamen Werte und ethischen Standards ein Gemeinwesen in Frieden und Gerechtigkeit und in Ehrfurcht vor der Schöpfung aufzubauen. Genau dies ist der Auftrag jedes gläubigen Christen, jeder vom Evangelium ergriffenen Christin.

Damit aber immer noch nicht genug! Wenn ich sagte: Aufgabe christlicher Theologie sei es, den Menschen einen überzeugenden christlichen *Deutungsrahmen* zu geben, in dem sie (wieder) eine spirituelle Heimat und in der Begegnung mit Jesus eine ihnen zugängliche Gotteserfahrung zu finden vermöchten, wenn ich darauf verwies, die Geschichten, Chiffren, Metaphern und Symbole der zeitgenössischen Transzendenzerfahrung seien das Material, aus dem heute theologische Begriffe neu gewonnen werden müßten, dann ist jetzt zu ergänzen:
– Das Experiment einer zeitgerechten Artikulation dessen, worum es im Christentum wirklich und letztlich geht, kann nur gelingen, wenn die Suche nach einer angemessenen religiösen Sprache und Metaphorik da stattfindet, wo Menschen heute tatsächlich ihre Lebenshorizonte haben.

Das heißt: Wenn Theologie bedeutet, den Menschen *ihre Welt* von Gott her und auf Gott hin auszulegen, muß sich der theologische Interpret in diesen Welten zumindest zurechtfinden können. Empirische Naturwissenschaftler und -wissenschaftlerinnen beispielsweise empfinden es als höchst peinlich und ärgerlich, wenn ignorante Theologen ihnen Gott unterjubeln wollen, noch bevor sie ihnen recht zugehört und ihr wissenschaftliches Verständnis von Welt wenigstens zur Kenntnis genommen haben. Dasselbe gilt natürlich im interreligiösen und interkulturellen Gespräch, wenn Gesprächspartner den Eindruck erwecken, sie wüßten besser, was die anderen zu glauben hätten als diese selbst, tatsächlich aber mit jedem Wort verraten, daß sie die Menschen nicht verstanden haben.

Gestatten sie mir, verehrte Zuhörerinnen und Zuhörer, zum Schluß einen nachdenklichen Blick in die Zukunft *der theologischen Ausbildung an unserer geliebten Universität.* Meine Erfahrung hat mich – manchmal ziemlich unsanft – gelehrt: Genauso wie der Dialog der Religionen, kann ein Gespräch mit Naturwissenschaftlern, Physikern, Biologen, Neurobiologen, Psychologen, Ärzten, Soziologen, um nur einige Beispiele zu nennen, nur gelingen, wenn Seelsorger, Religionslehrer, Theologieprofessoren wirklich wissen, mit wem sie worüber reden. Tatsache ist, daß unsere Studierenden in eine religiös höchst pluralistische Welt entlassen werden. Allein ein universitäres Landstädtchen wie Tübingen beherbergt vielleicht an die 50/60 verschiedene Religionsgemeinschaften. Wie will man an einer Schule mit vielleicht 20% muslimischen Schülern unterrichten, ohne jemals eine Moschee von innen gesehen zu haben? Sollte man in Tübingen nicht wenigstens einmal im Studium Kontakt gehabt haben mit der immerhin drittgrößten christlichen Kirche in Tübingen? Wissen Sie welche es ist? Es ist die Neuapostolische Kirche mit zwei großen Gemeinden. Sollten angehende Priester, Prediger und Lehrer der Theologie nicht mit der doch so ganz anderen nüchternen Faktenwelt der Naturwissenschaften, der Techniker, Ökonomen, mit deren Fragen, Denkansätzen und Antworten auf Welt und Leben wenigstens auf Tuchfühlung gekommen sein? Diese technisch-naturwissenschaftliche Welt, wird ja überwiegend der geistige Ort sein, wo unsere studierten Theologinnen und Theologen Rechenschaft geben sollen, über die Hoffnung, die in ihnen ist (1 Pt 3,15).

Gerade diese letzten durchaus kritisch gemeinten Hinweise, sind für mich freilich Anlaß, der Theologie auch als universitärer Disziplin eine große Zukunft vorherzusagen. Bedingung ist freilich, daß wir Universitätstheologen nicht ein selbstgenügsames Elfenbeinturmdasein fristen, sondern den Kontakt und das Gespräch mit den anderen Wissenschaften suchen. Vieles geschieht heute schon im Studium Generale, durch Zusammenarbeit mit Fachvertretern anderer Fakultäten. Aber geschieht schon genug? Meine Erfahrung ist, daß die Offenheit für theologische Nachdenklichkeit größer ist, als man gemeinhin vermutet. Und ich sage das zum Schluß Ihnen, meinen Gesprächspartnern und Freunden aus den anderen Fakultäten: Sie haben meine kleine theologische Welt so ungemein geweitet und tiefgründiger gemacht, daß ich heute ihrer, unserer Welt mit anderen Augen, ja mit größerer Ehrfurcht begegne. Und ich sage Ihnen, meinen Gesprächspartnern und Freunden aus vielen anderen großen und kleinen, christlichen und nichtchristlichen Religionen: Sie haben mich keineswegs um meinen christlichen Glauben gebracht, aber sie haben mich immer wieder gezwungen, mich aufs Neue der Anstrengung des theologischen Nachdenkens und dem Wagnis des eigenen Glaubens auszusetzen. Von vielem hätte ich ohne Ihre ständige Herausforderung wohl die Finger gelassen. Es bleibt mir nur, Ihnen und den vielen anderen, die heute nicht da sein können, dafür zu danken, daß Sie mich dahin gebracht haben, wo ich heute stehe und mit beiden Beinen stehen kann. Danke Ihnen allen!

## Ausblick
## zur Abschiedsvorlesung von Prof. Dr. Urs Baumann
## Prof. Dr. Dr. h.c. mult. Hans Küng

Wer hätte das gedacht, lieber Urs Baumann, hochansehnliche Festversammlung, wer hätte das gedacht, daß ich als Lehrer auch noch meines Studenten, Doktoranden, Assistenten, Habilitanden, Dozenten und Kollegen Urs Baumann Pensionierung miterleben dürfte.

Da geziemt es sich in der Tat, daß ich, wie mein Nachfolger als Direktor des Instituts für ökumenische Forschung Jochen Hilberath (Dank für die gute Zusammenarbeit!) es wünscht, mehr als nur ein paar Dankesfloskeln über den heute Gefeierten sage. Und weil diese akademische Abschiedsveranstaltung nicht wie andere an einer Hypertrophie von Grußworten leidet – man hat Grußworte eine Art moderner Christenverfolgung genannt –, darf mein Schlußwort auch mehr als ein Nachwort sein, soll allerdings auch nicht zu einer Nachrede werden, schon gar nicht zu einer üblen.

Einen ›Ausblick‹ hat man von mir gewünscht, doch der kann nur aus dem ›Rückblick‹ kommen. Einen weit ausschweifenden theologischen ›Ausblick‹ hat Professor Baumann selber mit seinen ›Wegmarken‹ in überzeugender und sympathischer Weise gegeben und dabei bewußt auf einen ›Rückblick‹ auf sein Leben verzichtet. Dabei hat Urs Baumann doch ein reiches akademisches Leben geführt, wie schon aus den treffenden und sympathischen Darlegungen von Prodekan Theobald und Professor Hilberath deutlich wurde und aus der ihm gewidmeten Festschrift noch deutlicher werden wird. Er hat ein Leben geführt reich an Erfolgen und Publikationen, aber, darf ich aufgrund unserer gemeinsamen Lebenserfahrungen hinzufügen, auch reich an Kämpfen und Enttäuschungen, die er selber auf keinen Fall vergessen haben möchte, die ihm aber, so können wir im Rückblick mit heiterer Gelassenheit sagen, zur Ehre gereichen. Dies läßt die schon in den beiden Grußworten erwähnten Daten und Fakten in einem vielleicht noch schärferen Licht erscheinen.

Es ist kaum zu glauben: Mehr als vier Jahrzehnte sind es her, daß der Student Urs Baumann mich jungen Professor, gerade eben vier Jahre in Tübingen, auf einem großen Studentenfest im schweizerischen Zug angesprochen hatte (1964). Sein Anliegen: Er möchte in Tübingen ein Studienjahr verbringen. Das sei zu wenig, überzeuge ich ihn in einem langen Nachtgespräch, er habe das Zeug dazu, gleich ein Doktorat anzustreben – hilfreich auch für die Seelsorge. Urs Baumann läßt sich überzeugen und beginnt schon bald sein Lieblingsthema »Das Weltbild Teilhard de Chardins« zu bearbeiten. Aber nach einem Jahr stellt sich heraus: Das Thema wird schon von einem anderen Fachmann behandelt. Deshalb schränkt er es auf die Erbsündenlehre ein und schreibt eine großangelegte, exegetisch, historisch und systematisch argumentierende Dissertation, die bis heute noch nicht überholt ist, vielmehr höchst lesenswert angesichts der anhaltenden Schwierigkeiten des kirchlichen Lehramtes auf dem Gebiet der ›Erb-Sünde‹ und Sexualethik, die uns ja nicht die Bibel und die griechischen Kirchenväter, sondern der große Lateiner Augustinus beschert hat – Schwierigkeiten, die auch im Hintergrund der verhängnisvollen Enzyklika ›Humanae vitae‹ über die Geburtenregelung stehen, die Paul VI. im Jahr 1968, als Urs seine Dissertation abschließt, veröffentlicht.

Der Titel der in unserer Reihe »Ökumenische Forschungen« veröffentlichten Dissertation »Erbsünde? Ihr traditionelles Verständnis in der Krise heutiger Theologie« (1970) zeigt das Krisenbewußtsein des Autors. Aber dieser hat damals in der Katholisch-Theologischen Fakultät Tübingen noch keine Schwierigkeiten, eine solche Dissertation durchzubringen. Zweitgutachter ist der Alttestamentler Herbert Haag, der im Buch mit einem Geleitbrief die explizit biblische Sicht des Autors unterstützt.

Urs Baumann macht im Priesterseminar der Diözese Basel den Pastoralkurs mit, und als erster Laientheologe der Diözese erhält er vom Bischof bei der Priesterweihe der Kurskollegen die Beauftragung als Gemeindeseelsorger. Der konziliar gesinnte Bischof Anton Hänggi will auf seine Mitarbeit auch dann keinesfalls verzichten, als Urs Baumann ihm eröffnet, er wolle sich verheiraten mit der Tübinger Studentin Inge Tietze. Sie ist für ihn ohne allen Zweifel die beste Wahl seines Lebens. Dankbar bin ich Urs Baumann, daß er diese hochqualifizierte Frau so viele Jahre sozusagen mit mir teilte: Sie war und ist noch bis Anfang des nächsten Jahres unsere hochgeschätzte tüchtige, gewissenhafte und liebenswürdige Chefsekretärin. Die beiden Söhne, die Inge Baumann zur Welt brachte, haben pünktlich zu ihres Vaters Emeritierung ihre Berufsausbildung erfolgreich abgeschlossen und werden gewiß ihr weiteres Leben zu meistern wissen und das ihrer Eltern bereichern.

So arbeitet denn der frischgebackene Doktor der Theologie volle sieben Jahre (1970-1977) im Gemeindedienst und als regionaler Jugendseelsorger. Noch weht der Geist des Zweiten Vatikanischen Konzils, und Urs Baumann wird 1971 ein führendes Mitglied der Reformsynode des Basler Bistums, Präsident der Sachkommission III »Kirchlicher Dienst« und dann (1972-1975) Mitglied der entsprechenden Kommission der gesamtschweizerischen Synode. Und Dr. Baumann wird gehört, wenn er mit guter Theologie in Kopf und Herz das Wort ergreift. Er wirke auf ihn, sagt mir mein Jugendfreund, Bischofsvikar und späterer Bischof von Basel, Otto Wüst, »wie ein Prophet aus dem Alten Testament«, und ein bißchen sieht er ja auch so aus: mit kantigem Haupt und imponierendem Bart. Der Prophet Urs erleidet aber auch Prophetenschicksal: Zwar gehört seine (und meine) Diözese Basel bis heute bezüglich Laientheologen und Laientheologinnen als Gemeindeleiter, bezüglich Diözesanrat und autonomer Bischofswahl durch das Domkapitel zu den fortschrittlichsten der Welt, aber die weitreichenden Beschlüsse der gesamtschweizerischen Synode werden – wie die der wenige Jahre später tagenden Synode der Bistümer Deutschlands – von Rom allesamt negativ beschieden. Der Wind hat sich in Rom gedreht, es droht ein ›Scirocco‹, der warme, oft staubbeladene Wind aus der Wüste, der vielen Menschen Kopfschmerzen bereitet. Und anders als auch viele Bischöfe damals hofften, werden Laientheologen nicht schließlich zur priesterlichen Ordination zugelassen, vielmehr werden sie in ihren Funktionen mehr und mehr eingeschränkt, bis hin zum Verbot der Laienpredigt.

Urs Baumann ist 1977 froh, daß wir ihn als Wissenschaftlichen Assistenten in unser Institut für Ökumenische Forschung zurückholen. Aufgrund seiner Vorbildung und Vorgeschichte packt er sofort das auch für die praktische Seelsorge wichtige Thema »Ehe – ein Sakrament?« für seine Habilitation an. Sein Vorgänger als Assistent hat sich aus Opportunitätsgründen verabschiedet und ist an eine andere Universität gewechselt. Denn drohende Gewitterwolken aus dem Süden ziehen sich über unserem Institut zusammen. Und wie froh bin ich, jetzt mit dem Akademischen Rat Dr. Hermann Häring, dem baldigen Doktor Karl-Josef Kuschel und eben Dr. Urs Baumann, ein fantastisches Team zu haben. Ich könnte diese Drei nach jenem mich schon als Gymnasiasten fesselnden historischen Abenteuerroman des Alexandre Dumas von den drei tapferen königstreuen Streitern gegen die Garde des Kardinal Richelieu »Die drei Musketiere« nennen, die mich in schwierigster Zeit geschützt und gestützt haben und mit mir durchs Feuer gegangen sind. Nicht zu erzählen hier, was wir gemeinsam aufgrund des Entzugs meiner Lehrbefugnis und der Ausgliederung des Instituts aus der Katholisch-Theologischen Fakultät 1979/80 alles durchgemacht haben, Trauriges, aber auch Erheiterndes und jedenfalls mit erfolgreichem Ausgang: Wir genießen allesamt eine neue kreative Freiheit, und nie habe ich von einem der drei je ein Wort der Klage über die Nachteile ihres besonderen Schicksals gehört, das sie mit mir teilen.

Für Urs Baumann war es wie für die beiden anderen nie eine Frage, auf welcher Seite er stehen wollte. Aber wir alle bezahlten – wie dies so üblich ist, wenn man seine Haut zu Markte trägt – einen Preis dafür. Hermann Häring erhielt einen Ruf auf den Lehrstuhl für Dogmatik an der Universität Nijmegen in der Nachfolge des großen Eduard Schillebeeckx. Doch das durch Kardinal Willebrands gegebene Nihil obstat für diese Berufung sollte auf Weisung Roms nachträglich samt Berufung rückgängig gemacht werden, was der romerfahrene Primas der Niederlande geflissentlich ignorierte. Nur nach langen Kämpfen und in der weiteren Phase mit besonderer Hilfe von Ministerpräsident Erwin Teufel erhielten Urs Baumann und Karl-Josef Kuschel eine würdige Stellung im Rahmen der Katholisch-Theologischen Fakultät als Akademischer Rat, beziehungsweise Akademischer Direktor. Aber der Bann, der ihren Lehrer getroffen hatte, traf in einer Art Sippenhaft auch sie als Schüler, und bis auf den heutigen Tag blieb ihnen ein Lehrstuhl in einer Katholisch-Theologischen Fakultät versagt. Aus dieser Not aber machten beide eine Tugend, indem sie ihre unerhörte Freiheit zu nutzen verstanden. Ich meinerseits hatte mir geschworen, daß es jeder der drei jedenfalls zum Professor bringen sollte.

Urs Baumann hat in der Folge erhebliche Schwierigkeiten, seine Habilitationsschrift, welche die zwischen Rom und Reformatoren umstrittene Sakramentalität der Ehe kritisch-konstruktiv hinterfragte, in der Fakultät der 80er Jahre durchzubringen. Ich habe noch die ängstliche Frage seiner Mutter im Ohr: »Wird es unser Urs wohl schaffen?« Ich bejahte dies mit Überzeugung, auch angesichts der anhaltenden Opposition des dogmatischen Zweitgutachters, dessen Namen ich nicht nennen möchte, da er sich unterdessen glücklich den Purpur verdient hat. Aber in einem bis zum Schluß spannenden Verfahren um eine sogenannte ›katholische Axiomatik‹ schaffen wir es gemeinsam, daß Urs Baumann Ende Sommersemester 1987 seine Habilitation erreicht, allerdings nicht für Dogmatik, sondern ›nur‹ für ökumenische Theologie. Und es gehört sich in dieser Stunde, daß ich aufrichtig all den Kollegen der Katholisch-Theologischen Fakultät danke, die uns in jenen und in allen folgenden Jahren immer wieder geholfen haben.

In der Sedisvakanz nach dem Tod von Bischof Moser dann hat sich Weihbischof Franz Josef Kuhnle als Bistumsverweser das Verdienst erworben, Urs Baumann das kirchliche ›Nihil Obstat‹ zu erteilen. So kann der Privat- und bald Universitätsdozent Baumann im Wintersemester 1988/89 sogar die Vertretung des Lehrstuhls für Religionspädagogik, Kerygmatik und Erwachsenenbildung (Nachfolge von Professor Bartholomäus) übernehmen, und dies auch noch für ein zweites Semester. Anschließend vertritt er den Lehrstuhl für Praktische Theologie (für den beurlaubten Professor Greinacher), auch für zwei Semester. Aber alle seine Bewerbungen für einen Lehrstuhl enden damit, daß er zwar jedes Mal einen Listenplatz erreicht, aber ›dank‹ (doppeldeutig!) kirchlicher Interventionen keine Berufung. So in Linz schließlich Absage nach zwei Jahren, so in Fribourg in der Schweiz und so sogar – obwohl ich mich persönlich bei der Kantonsregierung für Urs Baumann eingesetzt hatte – an der Theologischen Fakultät in Luzern, wo er selber herstammte. Die Luzerner Regierung zwang zwar die Fakultät zu einer neuen Liste, aber sowohl für den Lehrstuhl Dogmatik als auch für den Lehrstuhl Praktische Theologie zog man ihm jeweils einen nicht habilitierten Kandidaten vor. Beide, nota bene, wurden anschließend Bischof von Basel, der erste heiratete, der zweite ist es heute noch.

Doch diese Belastungen und Enttäuschungen haben unseren Ursus, der nicht umsonst diesen Bärennamen trägt, nie entmutigen können. Immerhin erreichen wir in Tübingen durch unseren intensiven Einsatz die vorzeitige Ernennung von Urs Baumann zum außerplanmäßigen Professor für Ökumenische Theologie. Und hier geziemt es sich nun auch, öffentlich den stets kooperativen Organen der Zentralen Verwaltung der Universität Tübingen, in diesem Fall vor allem Frau Eggenweiler und Universitätskanzler Sandberger, unseren gemeinsamen Dank zu bekunden.

1996 schließlich, im Zug der Wiedereingliederung des Instituts für ökumenische Forschung in die Katholisch-Theologische Fakultät wird Urs Baumann zum Akademischen Rat ernannt, und es erfolgt durch einen außerordentlichen Ministerialakt die Verbeamtung auf Lebenszeit trotz Überschreitung der Altersgrenze: auch hier meinen öffentlichen Dank vor allem an den theologisch gebildeten und in Kirchenfragen unerschrockenen Ministerpräsidenten Erwin Teufel, heute Mitglied des Kuratoriums der Stiftung Weltethos. 1997 schließlich erfolgt die vorzeitige Beförderung – in diesem Fall sogar aus eigener Inititiative der genannten Universitätsorgane – zum Akademischen Oberrat.

Als Geschäftsführer des Instituts für ökumenische Forschung in der Zeit seiner Autonomie hat sich Urs Baumann unvergeßliche Verdienste erworben: neben den täglichen Verwaltungsaufgaben und Budgetvorbereitungen war er verantwortlich, unterstützt von unseren fabelhaften Institutssekretärinnen Annegret Dinkel und Hannelore Dürr, für das Symposion zur Eröffnung des in der Bundesrepublik einzigartigen Forschungsprojekts »Frau und Christentum« (1982), dann das Internationale ökumenische Symposion »Ein neues Paradigma in der Theologie?« (1983) und zusammen mit Walter Jens das internationale Symposion »Theologie und Literatur« (1984) – zu all dem viele andere Studientage und Kolloquien.

Doch noch wichtiger sind seine eigentlich wissenschaftlichen Verdienste: Er hat wichtige Impulse des Instituts für Kirche und Gesellschaft eigenständig weiterentwickelt. Und damit komme ich nun schließlich und endlich zum gewünschten ›Ausblick‹, den ich verhältnismäßig kurz formulieren kann: Meine Hoffnung ist eine doppelte: Das Institut für Ökumenische Forschung möge auch in einer Phase drastischer Sparmaßnahmen im Personal- wie Sachetat diese Impulse weiterführen. Ich denke vor allem an folgende hochaktuelle Themen, die Urs Baumann, wie wir schon gehört haben, vertrat: Nicht nur die klassischen Themen der Ökumene, sondern auch der interreligiöse Dialog, der neue Religionen und Esoterik einschließt; dann der interwissenschaftliche Dialog mit Natur- wie Humanwissenschaften; schließlich die christlich-muslimische Vermittlungsarbeit, besonders im Hinblick auf den islamischen Religionsunterricht. Hier hat unser Institut für Ökumenische Forschung auch nach Urs Baumann eine gesellschaftlich hochrelevante Funktion wahrzunehmen. Aber – was heißt nach Urs Baumann?

Dies ist meine zweite Hoffnung: Es wäre schön, wenn Urs Baumann sein großes Wissen und Können auch weiterhin im Rahmen der Möglichkeiten in den Dienst von Institut und Fakultät stellen könnte. Beide Seiten können da sicher entsprechende Wege finden, doch ist es nicht am Gründungsdirektor, den Zukunftsplaner zu spielen.

Ich wünsche Dir, lieber Urs, einen kreativen Ruhestand mit weitem Ausblick. Du hast auch als Wissenschaftler noch Aufgaben vor Dir. Aber vor allem, auf dem Höhepunkt, auf dem Du jetzt angelangt bist, freue Dich all dessen, was Du erreicht hast!

*Dankeswort*
*Prof. Dr. Urs Baumann*

Liebe Festgemeinde,

was hätte ich noch den eindringlichen Worten meines verehrten Lehrers, Doktorvaters, Habilitationsvaters, alten Chefs und treuen Freundes zu allen Jahreszeiten Hans Küng hinzuzufügen? Ich sage einfach – danke!

Und ich sage Dank Euch allen für eure guten worte, dem Prodekan Michael Theobald, unserem Direktor Jochen Hilberath.

Ihr habt aus meinem Abschied einen neuen Anfang gemacht. Natürlich würde mir der Abschied leichter, wenn ich meine Aufgaben in jüngere Hände legen dürfte. Doch wie die Dinge liegen, wird es nun einmal keine Nachfolge geben und das bereitet mir schon Sorge. Aber natürlich werden wir verbunden bleiben auch durch das eine und andere wichtige Projekt.

Ich danke Euch für die Festschrift, die mich ehrt, mir große Freude bereitet und natürlich auch ein wenig mit Stolz erfüllt.

Ich danke besonders meiner Sekretärin Frau Hack und meinen Mitarbeiterinnen, die diesen Abend vorbereitet haben, und nicht weniger unseren Pedellen. – Eigentlich müßte ich jetzt ein Loblied anstimmen auf alle Sekretärinnen, Hilfskräfte, Assistentinnen und Assistenten und Pedellen, die amtierenden und gewesenen. Ohne sie wäre nichts und nie gegangen und die Uni hätte längst einpacken müssen.

Schließlich danke ich Euch liebe Schülerinnen und Schüler des Wildermuth-Gymnasiums und euerem Musiklehrer Albert Wollhaf für euere frischen Lieder.

*Übersicht über die Beiträgerinnen und Beiträger*

Urs Baumann, Dr. theol., em. Prof. für Ökumenische Theologie, Tübingen

Ottmar Fuchs, Prof. für Praktische Theologie an der Katholisch-Theologischen Fakultät der Universität Tübingen

Gebhard Fürst, Dr. theol., Bischof der Diözese Rottenburg-Stuttgart

Eilert Herms, Prof. für Systematische Theologie an der Evangelisch-Theologischen Fakultät der Universität Tübingen

Bernd Jochen Hilberath, Prof. für Dogmatik und Dogmengeschichte an der Katholisch-Theologischen Fakultät der Universität Tübingen, Direktor des Instituts für Ökumenische Forschung

Hans Küng, Direktor em. des Instituts für Ökumenische Forschung, Präsident der Stiftung Weltethos

Gerhard Maier, Dr. theol., 2001-2005 Landesbischof der Evangelischen Landeskirche in Württemberg

Konrad Raiser, Prof. für Ökumenische Theologie, 1999-2003 Generalsekretär des Ökumenischen Rates der Kirchen

Eberhard Schaich, Prof. für Statistik, Ökonometrie und Unternehmensforschung an der Wirtschaftswissenschaftlichen Fakultät Tübingen, 1999-2006 Rektor der Eberhard-Karls-Universität Tübingen

Michael Theobald, Prof. für das Neue Testament an der Katholisch-Theologischen Fakultät der Universität Tübingen

**Tübinger Ökumenische Reden**
hrsg. von Prof. Dr. Bernd Jochen Hilberath und Prof. Dr. Urs Baumann

**Ökumene und Weltethos**
Mit Beiträgen von K. Annan, O. Fuchs, B. J. Hilberath, H. Küng, O. H. Pesch und E. Schaich
Die *Tübinger Ökumenischen Reden* werden vom Tübinger Institut für Ökumenische Forschung (http://www.uni-tuebingen.de/oekumenische-forschung) herausgegeben. Die Reihe veröffentlicht in lockerer Folge Reden prominenter Zeitzeugen zur innerchristlichen, interreligiösen und interkulturellen Ökumene. Der erste Band *Ökumene und Weltethos* dokumentiert die Reden anläßlich des Symposiums „Ökumene im 3. Jahrtausend" zum 75. Geburtstag von Hans Küng sowie Hans Küngs Rede auf dem ersten Ökumenischen Kirchentag in Berlin. Von hoher politischer Tragweite ist die „WeltethosRede" des Generalsekretärs der Vereinten Nationen, Kofi Annan. Beiträge von: Kofi Annan, Ottmar Fuchs, Bernd Jochen Hilberath, Hans Küng, Otto Hermann Pesch, Eberhard Schaich.
Bd. 1, 2004, 72 S., 10,00 €, br., ISBN 3-8258-7086-3

LIT Verlag GmbH & Co. KG Wien – Zürich
Auslieferung Österreich: Medienlogistik Pichler-ÖBZ GmbH & Co KG
IZ-NÖ Süd, Straße 1, Objekt 34, A-2355 Wiener Neudorf, Postfach 733
Tel. +43 (0) 2236 / 63 535 - 236, Fax +43 (0) 2236 / 63 535 - 243, e-Mail: bestellen@medien-logistik.at
Auslieferung Deutschland: Fresnostr. 2 48159 Münster
Tel.: 0251 / 620 32 22 – Fax 0251 / 922 60 99
e-Mail: vertrieb@lit-verlag.de – http://www.lit-verlag.de